MARCO POLO

Lettland

Reisen mit Insider Tipps

W0309883

Diesen Reiseführer schrieb Thoralf Plath. Der Journalist lebt bei Kaliningrad (Königsberg), berichtet aus dem Baltikum für deutsche Printmedien und ist viel in Lettland unterwegs.

www.marcopolo.de

Infos zu den beliebtesten Reisezielen im Internet, siehe auch Seite 98

SYMBOLE

Insider Tipp **MARCO POLO INSIDER-TIPPS:**
Von unserem Autor für Sie entdeckt

★ **MARCO POLO HIGHLIGHTS:**
Alles, was Sie in Lettland kennen sollten

HIER HABEN SIE EINE SCHÖNE AUSSICHT

WO SIE JUNGE LEUTE TREFFEN

PREISKATEGORIEN

Hotels

€€€	über 80 Euro
€€	50–80 Euro
€	bis 50 Euro

Die Preise gelten für zwei Personen im Doppelzimmer pro Nacht mit Frühstück.

Restaurants

€€€	über 15 Euro
€€	8–15 Euro
€	bis 8 Euro

Die Preise gelten für ein Menü mit Vor-, Haupt- und Nachspeise ohne Getränke.

KARTEN

[110 A1] Seitenzahlen und Koordinaten für den Reiseatlas Lettland

[U A1] Koordinaten für die Karte von Rīga im hinteren Umschlag

[O] außerhalb des Kartenausschnitts

Zu Ihrer Orientierung sind auch die Orte mit Koordinaten versehen, die nicht im Reiseatlas eingetragen sind.

GUT ZU WISSEN

INHALT

Die wichtigsten Marco Polo Highlights

Sehenswürdigkeiten, Orte und Erlebnisse, die Sie nicht verpassen sollten

1 **Freiheitsdenkmal**
Das nationale Monument in Rīga steht auch für Lettlands Kampf um seine Unabhängigkeit. Auf dem Sockel liegen immer frische Blumen
(Seite 29)

2 **Neustadt**
Entdecken Sie eine Sinfonie in Stein – Rīgas berühmtes Jugendstilviertel (Seite 31)

3 **Schwarzhäupterhaus**
Das edle Wahrzeichen des Rathausplatzes von Rīga ist eine perfekte Kopie des historischen Originals
(Seite 32)

4 **Ethnografisches Freilichtmuseum**
Lettland en miniature am Jugla-See außerhalb der Hauptstadt – vom Ziehbrunnen bis zur Fischerkate
(Seite 37)

5 **Jūrmala**
Bäderarchitektur, die Ostsee und ganz viel weißer Sand: Ihren Strand haben die Rīgaer direkt vor der Haustür
(Seite 38)

6 **Historischer Stadtkern**
Ein so vollständiges Ensemble historischer altlettischer Holzhäuser wie in Kuldīga finden Sie im ganzen Land nicht noch einmal (Seite 44)

Leben wie Gott in Lettland: Schloss Rundāle

Naherholung für Städter: Jūrmala

7 Dreifaltigkeitskirche
Die Orgel in der Kirche zu Liepāja zählt zu den Top Five der Weltrangliste (Seite 47)

8 Ordensburg
Auf der Küstenbastion der Ordensritter in Ventspils sind Gäste heute sehr willkommen (Seite 51)

9 Slītere-Nationalpark
In der Isolation des sowjetischen Grenzsperrgebietes wuchs ein einzigartiger Küstenurwald (Seite 53)

10 Basilika von Aglona
Die strahlend weiße Kirche ist ein großes Heiligtum des katholischen Osteuropa (Seite 58)

11 Daugava-Schleifen
Neunmal ändert der große Strom des Baltikums bei Krāslava seine Richtung (Seite 58)

12 Gauja-Nationalpark
Lettlands schönstes Urstromtal birgt bizarre Höhlen und steile Felsen (Seite 67)

Guck mal, wer da guckt: Rīga

13 Sigulda
Bischof, Orden, Domkapitel – drei Mächte, drei Burgen. Die Stadt hat alle überlebt (Seite 68)

14 Schloss Jelgava
Der Prachtbau von Herzog Biron dient heute der hohen Schule der Agrarwissenschaft (Seite 79)

15 Rundāle
Im kleinen Versailles des Nordens rauscht goldrosa Barock durch prunkvolle Säle (Seite 80)

★ Die Highlights sind in der Karte auf dem hinteren Umschlag eingetragen

Entdecken Sie Lettland!

Die kleine Ostseerepublik ist zurück in Europa – mit stiller Natur, gastfreundlichen Menschen und einer Metropole, in der das Herz des Baltikums schlägt

Radlers Traum: sanftes, weites Land

Wälder, so weit das Auge reicht. Storchennester auf Telegrafenmasten, einsame Ostseestrände und Sommernächte, in denen das hohe Licht des Nordens in östlicher Melancholie zerfließt. Ist vom Baltikum die Rede, klingt es meist nach Weite und Stille, nach Bernstein, Blaubeeren und Burgruinen. Auch Lettland kann damit aufwarten. Doch wer würde hier eine der modernsten Rennrodelbahnen Europas vermuten, Schlösser so schön wie Zarenpaläste und eine Hauptstadt, die sich in ihrer pulsierenden Vitalität an Berlin, in ihrer Eleganz an Paris und in der Pracht ihrer Jugendstilfassaden an Wien und Brüssel messen kann?

Schönes, nahes, fernes Lettland. Als freie Republik zurückgekehrt nach Europa, wo die baltischen Staaten nach vier Jahrzehnten hinterm Eisernen Vorhang fast vergessen waren. Mancher im Westen erinnerte sich erst an die drei kleinen Nationen, als 2002 eine junge Lettin namens Marija Naumova den European Song Contest gewann. Lettland sang sich in die Herzen des Kontinents, Rīga flippte aus, und »Marie N« stieg in ihrer Heimat zur Ikone auf.

Das Singen liegt den Letten im Blut. Mit den Dainas, ihren jahrhundertealten Volksliedern, auf den Lippen stellten sie sich 1991 Moskaus Panzern entgegen, ersangen sich die Freiheit. Im Folklorearchiv in Rīga wurden 2,5 Mio. Dainas gesammelt, statistisch kommt auf jeden Einwohner ein Lied. Wo gibt es das noch einmal in Europa?

Die mittlere der baltischen Republiken, mit 64 500 km^2 nicht ganz so groß wie Bayern, birgt eine Schatztruhe unberührter Naturlandschaften. Fast die Hälfte Lettlands ist bewaldet, Heimat für Elche, Luchse, Schelladler und über tausend Schwarzstorchenpaare. Bären streifen durch die Wälder. Ganz

Der Stoff, aus dem die Häuser sind: Holz gibt es in Lettland reichlich

Geschichtstabelle

4000 v. Chr. Indoeuropäische Stämme siedeln sich an

100 v. Chr. Der Römer Tacitus berichtet vom Bernsteinhandel mit den baltischen Völkern

Um 600 Wikinger dringen auf ihren Raubzügen ins Baltikum ein

1201 Domherr Albert von Buxhoeveden landet mit einem Kreuzfahrerheer an der Düna und gründet Rīga. Die blutige Christianisierung der baltischen Stämme beginnt

1253 Rīga wird Erzbistum der livländischen Ordensprovinz und Hansestadt

1523 Die Reformation erreicht Livland

1562 Hochmeister Gotthard Kettler löst den Orden auf und wird Herzog von Kurland und Semgallen

1621–29 Schweden erobert große Teile Livlands

1700–21 Mit dem Nordischen Krieg endet die Schwedenzeit. Zar Peter der Große verleibt Livland dem Russischen Reich ein

1816–20 Die Leibeigenschaft der Letten wird aufgehoben

1873 Erstes gesamtlettisches Liederfest. Aus der Studentenschaft »Lettonia« wächst die Nationalbewegung

1918 Nach dem Abzug der deutschen Truppen, die das Baltikum während des Ersten Weltkriegs besetzten, ruft der Volksrat in Rīga die Republik Lettland aus

1939 Hitler-Stalin-Pakt: Die baltischen Staaten fallen an die Sowjetunion

1941 Die deutsche Wehrmacht besetzt das Baltikum. SS-Einheiten ermorden im »Reichskommissariat Ostland« Zehntausende Juden

1944/45 Das von der Roten Armee zurückeroberte Lettland wird Sowjetrepublik. Stalin lässt 40 000 lettische Intellektuelle nach Sibirien verschleppen

1982 Aus den Protesten gegen ein Wasserkraftwerk erwachsen erste antisowjetische Demonstrationen

1989 Hunderttausende Balten fordern mit einer Menschenkette von Tallinn über Rīga nach Vilnius ihre nationale Unabhängigkeit

1991 Putschversuch moskautreuer Kräfte in Rīga, bei dem fünf Menschen sterben. Im August erklärt Lettland seine Unabhängigkeit

1995 Lettland wird Mitglied des Europarates

2004 Lettland tritt der Nato und der Europäischen Union bei

Wer ist die Schönste? Rīga macht Paris, Wien und Co. echte Konkurrenz

im Osten des Landes liegt die Seenplatte, eine stille Wasserlandschaft, in die sich kaum ein Fremder verirrt. Auch die lettische Küste, ein 494 km langer, von Steilküsten, Dünen und Salzwiesen gesäumter Badestrand, gleicht auf weiten Strecken einem unentdeckten Paradies.

Der Kontrast zwischen diesem sanften Land und seiner Hauptstadt könnte größer kaum sein. Rīga platzt vor Energie, hier schlägt das Herz Lettlands, und mit 890 000 Einwohnern ist die pulsierende Metropole an der Daugava (Düna) auch urbanes Zentrum der drei Ostseerepubliken. »Miss Baltikum« hat sich herausgeputzt. In Vecrīga, der historischen Altstadt, künden restaurierte Kaufmannshäuser vom Wohlstand ihrer Bauherren. Scheinbar spielend vereint die alte Hansestadt wuchtige Backsteingotik mit der schwelgerischen Pracht von über 800 Jugendstilbauten links und rechts der Albertstraße.

» Rīga hat weltweit die meisten Friseure «

Im Sommer durchweht Rīga fast südländisches Flair. In den Straßencafés rings um Dom-, Rathaus- und Livenplatz genießt ein buntes Kaffeehausvölkchen den Tag, Künstler, Journalisten, Studenten und junge Paare, während Touristengruppen das prächtige Schwarzhäupterhaus bestaunen, beflissen ignoriert von modisch-eleganten Rīgaerinnen, die auf hohen Absätzen sicher durch die kopfsteingepflasterten Gassen flanieren. Gut auszusehen gehört für Rīgas Frauen zum Lebensstil. Sie opfern viel Zeit und Geld dafür. In der City reiht sich eine elegante Boutique an die andere. Rīga rühmt sich, gemessen an der Einwohnerzahl, weltweit die Stadt mit den meisten Friseuren zu sein.

Die Provinzstädte Lettlands wirken dagegen geradezu bescheiden. Das Leben fließt gemächlicher fern der Hauptstadt, die Menschen sind hier zurückhaltender, bodenständiger. Daugavpils, Liepāja und Ventspils überraschen mit originellen Museen, restaurierten Altstädten und schicken Restaurants. Und mitten im Land glänzen Perlen wie Kuldīga, die älteste Stadt Kurlands, oder Cēsis mit der imposantesten Ordensburg des Baltikums. Doch längst nicht alle Wunden der Sowjetzeit sind vernarbt. Vielerorts verschandeln Plattenblocks das Stadtbild; Lettlands kriegszerstörte Handelsstädte wie das alte Düna-burg waren den Betonstrategen schutzlos ausgeliefert.

»Die alten Wunden sind noch nicht vernarbt«

Noch tiefere Verletzungen trägt die Nation unter der Haut. Die meisten Letten empfanden die Sowjets als Okkupanten. Kaum in Freiheit, schlug das Pendel zurück. Nun bekamen die im Land verbliebenen Russen Ungerechtigkeit und Diskriminierungen zu spüren. Zwar wurden, auch unter dem Druck Brüssels, die strengen Einbürgerungsgesetze bald gelockert. Im Reinen miteinander sind Russen und Letten aber noch lange nicht.

Wen wundert's? Lettlands Geschichte ist eine Geschichte fremder Herren – in der auch die Deutschen eine nicht eben rühmliche Rolle spielten. Der Mönch Meinhard von Segeberg kam 1186 noch in friedlicher Absicht, und die an der Daugava lebenden heidnischen Liven ließen sich von ihm wohl freiwillig taufen. Als bald darauf der Bremer Domherr Albert mit 23 Schiffen voller kampflustiger Ordensritter anlandete, war es mit dem sanften Missionieren vorbei. Der Schwertbrüderorden zwang die baltischen Stämme nach Art seines Namens unter das Kreuz, und im Gefolge kamen deutsche Kaufleute nach Livland, deren Nachfahren dort für Jahrhunderte die Oberschicht stellen sollten. Bald weckte die günstige strategische Lage des Landes an der Ostsee auch Gelüste anderer Herrscher. Polen zwang Kurland unter seine Krone, Schweden eroberte Rīga, schließlich rissen sich die russischen Zaren gleich das ganze Land unter den Nagel. Die Letten blieben Knechte. Erst 1918 konnten sie erstmals ihre eigene Republik ausrufen.

Das alles scheint nun in weiter Ferne. Zurück blieben steinerne Zeugen bewegter Zeiten: mächtige Ordensburgen, Schlösser und Gutshäuser. Viele der Herrensitze gehörten einst deutschbaltischen Baronen, der prächtigste dem Günstling einer Zarin: Schloss Rundāle, Lettlands barockes »Klein Versailles«, erbaut von Bartolomeo Francesco Rastrelli, dem Schöpfer des Petersburger Winterpalais.

Abseits der asphaltierten Straßen spinnt das Leben bis heute einen leisen Faden. Pferdewagen sind das Transportmittel auf den Sandwegen zwischen winzigen Dörfern, auf den Feldern wird wie eh und je Flachs und Hafer angebaut und von Hand geerntet. Ihre Zukunft ist ungewiss, die Menschen im baltischen Hinterland haben es schwer im neuen EU-Europa. Viele sind arm; wer überleben will, hält sich eine Kuh und bestellt seinen Acker – für den Eigenbedarf.

Chillout in Jūrmala: Die lettische Riviera liegt praktisch vor Rīgas Haustür

Darum bieten immer mehr Bauernhöfe auch Ferienquartiere an, mehrere Hundert sind es mittlerweile im ganzen Land. Westlichen Hotelluxus haben sie nicht im Programm, dafür herzliche baltische Gastfreundschaft, Natur satt, manche sogar Reitpferde und immer frisches Gemüse aus dem Garten. Lettland ist ein Paradies für Radwanderer, Naturfreaks und die gemächliche Art des Entdeckens. Die Tourismusbranche legt sich kräftig ins Zeug. Sie können abenteuerliche Floßfahrten buchen, mit dem Kanu endlose Wasserläufe erkunden, mitten im Sommer rodeln oder in einer historischen Schmalspurbahn durch die Provinz zuckeln. Und wen lockte nicht die Küste mit einem Strand wie Goldstaub? Zwanzig Minuten von Rīga und schon ist man in Jūrmala, dem Villenbadeort der »lettischen Riviera«. Wem abends der Sinn nach Unterhaltung steht, der ist in der Hauptstadt bestens aufgehoben: Das Nachtleben im Paris des Nordens stellt das mancher westlicher Metropole in den Schatten.

» In der Johannisnacht schläft niemand «

Einmal im Jahr wird im ganzen Land die Nacht zum Tag. Am 23. Juni feiern die Letten Mittsommernacht, und sie feiern es so ausgelassen wie wohl nirgends sonst rings um die Ostsee. In der Johannisnacht darf niemand schlafen. Überall von Alūksne bis Liepāja lodern die Feuer, und der Sonnenaufgang danach zählt wohl zum Schönsten, was einem Gast in Lettland passieren kann. Er wird wiederkommen, ganz bestimmt. Denn wen dieses Land einmal aufnahm, den hält es für immer umfangen.

Liederschatz und schwarze Störche

Das neue Lettland sucht nach der Balance zwischen Marktwirtschaft, alten Traditionen und den Erblasten seiner bewegten Geschichte

Ballettland Lettland

Ein Rīgaer hat mit seiner Präzision, Leichtigkeit und Eleganz eine ganze Generation von Tänzern geprägt: Michail Baryschnikow, 1948 in der lettischen Hauptstadt geboren und einer der berühmtesten Balletttänzer der Welt. Mitte der 1970er-Jahre ging er in die USA, um am New York City Ballet zu tanzen. Eine Rückkehr in seine Heimat war fortan tabu, erst nach der Unabhängigkeit Lettlands 1991 konnte »Mischa« Baryschnikow als umjubelter Star zurückkehren nach Rīga, wo in der Oper seine steile Karriere begonnen hatte. Lettland ist Ballettland. Die Aufführungen lettischer Choreografen waren in der gesamten Sowjetunion berühmt. Inzwischen lockt das jährliche Insider Tipp Baltische Ballettfestival in Rīga auch viele Besucher aus Westeuropa an.

Deutschbalten

»Auf Nimmerwiedersehen« soll der damalige lettische Präsident Karlis Ulmanis den 52 000 Deutschbalten nachgerufen haben, als sie 1939 auf Hitlers Befehl »heim ins Reich« geholt wurden. 60 Jahre später lud sein Großneffe Guntis Ulmanis, nun Präsident der wieder unabhängigen Republik, sie ausdrücklich ein, die Heimat ihrer Väter nicht zu vergessen. Seit Lettland wieder frei ist, hat sich das Verhältnis zu den einstigen Herren entspannt.

Die Bezeichnung Deutschbalten bildete sich im 19. Jh. für die seit dem Mittelalter herrschende Oberschicht aus Adligen, Kaufleuten, Geistlichen, Gelehrten und Handwerkern. Lettlands Großgrundbesitz gehörte fast ausschließlich Deutschen. Das alles ist Geschichte. Heute reisen Jahr für Jahr wieder Tausende Deutschbalten in die alte Heimat. Viele bringen sich im 1992 gemeinsam mit Letten gegründeten Verein »Domus Rīgensis« auch in den kulturellen Dialog und die Aufarbeitung der 800-jährigen Vergangenheit ein. Denn die Deutschen stehen in der lettischen Geschichte nicht nur für Fremdherrschaft, sondern auch für die Einbindung in den europäischen Kulturkreis. Johann Gottfried Herder predigte im Rīgaer Dom, Richard Wagner dirigierte an der Oper, und Gelehrte wie der Nobel-

Lutherische Kirchen wie in Ventspils sind zahlreich, aber schlecht besucht

Lettlands Kostbarkeiten: Nahezu unberührte Moore, Wälder und Seenplatten

preisträger Karl-Ernst von Baer prägten das akademische Leben im gesamten Ostseeraum.

Flora und Fauna

Ursprüngliche Naturlandschaften sind Lettlands großer Schatz. Mit etwa 15 000 Pflanzen- und 13 000 Tierarten zählt die Flora und Fauna des Landes zu den reichsten Europas. Dichte Wälder und ausgedehnte Moore bieten Lebensraum für Elche, Luchse und viele Wolfsrudel. Ornithologen haben an die 350 Vogelarten nachgewiesen, darunter Seltenheiten wie Regenbrachvogel, Birkhuhn, Baumfalken und Schlangenadler. Fast tausend Paare der extrem scheuen Schwarzstörche nisten in Lettland, ein Zehntel des Weltbestandes. Die Seenplatte beherbergt die größte Fischotterpopulation Europas. Am Papes-See, einem Nadelöhr der eurasischen Zugvogelroute, ziehen im Herbst Millionen Vögel und – ein einzigartiges Phänomen – Zehntausende Fledermäuse durch. Einige ausgestorbene Tierarten wurden erfolgreich wieder angesiedelt, so Biber, Wisente und Wildpferde.

Heimkehrer

Seit Lettland wieder frei ist, packte auch mancher Exillette seine Koffer, um in die alte Heimat zurückzukehren – vor allem aus den USA, wohin viele der etwa 250 000 Emigranten 1944/45 vor den sowjetischen Besatzern geflüchtet waren. Es kamen vor allem die Alten und junge Leute – die einen auf der Suche nach einem Lebensabend daheim, die anderen mit dem Ziel, im lettischen Wirtschaftswunder durchstarten zu können. Problemlos blieb das neue Miteinander nicht, schon wegen der unterschiedlichen Lebenserfahrungen der Dagebliebenen und der »Wessis«. Lettlands bekannteste Heimkehrerin ist zweifellos Vaira Vike-

Freiberga. Sechs Jahre war sie alt, als ihre Eltern mit ihr 1945 vor den Sowjets nach Kanada flohen. 1997 zog die Psychologieprofessorin aus Vancouver nach Rīga zurück, zwei Jahre später wurde sie vom Parlament, der Saeima, in das Amt der Staatspräsidentin gewählt.

Luther, Papst und Zwiebelturm
Lettland steht in langer protestantischer Tradition, schon 1523 erreichte die Reformation Rīga und setzte sich schnell durch. Nach der religionsfeindlichen Sowjetära bekennt sich das Land wieder offen zu seinen lutherischen Wurzeln, es gibt etwa 300 Kirchengemeinden. Doch die Zeiten der großen evangelischen Volkskirche sind auch in Lettland vorbei, die Gottesdienste schlecht besucht. Weiß der Himmel, ob es an der konservativen Linie der evangelischen Kirche liegt oder daran, dass die Letten schlichtweg nicht mehr sehr fromm sind – von der alten Provinz Latgale im entlegenen Südosten des Landes abgesehen. Latgale lag lange unter der Herrschaft Polens und blieb bis heute römisch-katholisch geprägt. Die Russen brachten ihre Ikonen und Zwiebelturmkirchen mit ins Baltikum, die orthodoxe Kirche ist heute die drittgrößte Religionsgemeinschaft in Lettland. Auch Dievs, Māra und Laima, die Urgötter der heidnischen Vorfahren, kommen neuerdings wieder zu Ehren. Die Dievtūriba-Bewegung, die sich auf vorchristlichen Pantheismus besinnt, erfreut sich bei jungen Letten wachsender Beliebtheit.

Minderheiten
Nur knapp 60 Prozent der etwa 2,32 Mio. Einwohner Lettlands sind Letten. Die Russen stellen mit einem Drittel die größte ethnische Minderheit – ein demografisches Erbe der Sowjetunion, das die Gesellschaft noch längst nicht verkraftet hat. Außerdem leben in Lettland Weißrussen, Ukrainer, Litauer und Polen, insgesamt etwa zwölf Prozent. In sechs der sieben größten Städte des Landes sind die Letten in der Minderheit. Nach der Unabhängigkeit entlud sich ihre Angst, im eigenen Land zu Fremden zu werden, in ethnischen Spannungen und diskriminierend scharfen Einbürgerungsgesetzen. Die wurden inzwischen liberalisiert – auch auf Druck Brüssels. Seit 1998 kann jeder Einwohner Staatsbürgerschaft und Wahlrecht erwerben, vorausgesetzt, er beherrscht die lettische

Wieder daheim: Vaira Vike-Freiberga

Allgegenwärtig: rot-weiß-rote Flagge

Sprache, leistet einen Eid auf die Verfassung, weiß über Geschichte und Kultur Bescheid und lebt mindestens fünf Jahre im Land – Militärzeit ausgenommen. Für ehemalige KGB-Spitzel ist der lettische Pass tabu.

Rot-Weiß-Rot

Die Letten sind sehr patriotisch. Die Hoheitszeichen ihrer Republik gelten geradezu als heilig, und das Rot-Weiß-Rot der Landesflagge ist an Feiertagen allgegenwärtig. Ihren Ursprung hat die Flagge in der Studentenschaft »Lettonia«, die um 1870 unter der rot-weiß-roten Fahne zum nationalen Erwachen aufrief. Doch schon im 13. Jh. erwähnt die mittelhochdeutsche Bergmannchronik zum ersten Mal ein »rot barnier, mit wize durch gezniten«. Gemeint war damit das Heeresbanner der livischen Krieger. Die typische karmesinrote Farbe erhielten die weißen Tücher durch das Einfärben mit Brombeersaft.

Singende Sprache

Die lettische Sprache zählt zum baltischen Zweig der indogermanischen Sprachen und ist nicht mit den slawischen Sprachen verwandt. In den alten Idiomen der Heidenstämme wurzelnd, haben sich mehrere Dialekte erhalten, von denen vor allem das im Osten des Landes gesprochene Latgalisch so viele eigene Worte kennt, dass es viele Letten aus anderen Landesteilen nicht verstehen. Charakteristisch für die lettische Sprache ist das »s« an den Endungen männlicher Namen und Bezeichnungen und die Betonung auf der ersten Silbe, die zusammen mit deutlich unterschiedenen kurzen und gedehnten Vokalen ihren typisch singenden Klang erzeugt. Seit 1989 ist Lettisch wieder offizielle Landessprache.

Volk der Lieder

Letten sind geborene Sänger. In den Dainas, sowohl sing- als auch sprechbaren, meist vierzeiligen Bauernliedern, spiegeln sich der Lebenszyklus und die Seele des lettischen Volkes. Besungen wird alles: Hochzeiten und Kindtaufen, Liebe und Tod, das ländliche Arbeitsleben, die Natur und zahllose Episoden der baltischen Mythologie. 2,5 Mio. Dainas liegen im Folklorearchiv in Rīga. Begründet wurde dieser einzigartige Kulturschatz von Krišjānis Barons (1835–1923). Der »Vater der Dainas« bereiste alle Provinzen, befragte seine Landsleute und sammelte so an die 36 000 Dainas in 182 000 Versionen. Ihre Wurzeln reichen bis ins 11. Jh. zurück. Von Generation zu Generation weitergegeben, lebte in den Strophen unter der Fremdherrschaft das eigene Volkstum weiter, bis schließlich im 19. Jh. die Bewegung des nationalen Erwachens aus den Dainas erwuchs.

Wirtschaft auf Westkurs

Wirtschaftlich zählt Lettland zu den Musterknaben der neuen EU-Mitglieder. Konsequent, manche sagen radikal, zogen die Letten den Kurswechsel durch – weg vom kollabierten Plandirigismus hin zur Marktwirtschaft. 98 Prozent der Unternehmen sind privatisiert, die Dienstleistungsbranche erwirtschaftet drei Viertel des Bruttoinlandsprodukts. Lettland wickelt 68 Prozent des Handels mit der EU ab. Wichtigster Handelspartner ist Deutschland, vor Großbritannien und Schweden.

Das Land ist rohstoffarm. Ton, Torf, Sand – das war's schon. Hoffnungen setzt man in die Holzverarbeitung. Lettland besitzt zudem die größte Fischereiflotte der drei Ostseerepubliken. Seit die postsowjetischen Krisen überwunden sind, verbessert sich der Lebensstandard stetig, das Durchschnittseinkommen liegt derzeit bei monatlich 350 Euro. Doch auch in Lettland hat das turbokapitalistische Wirtschaftwunder einige wenige schnell reich werden lassen, während große Teile der Bevölkerung finanziell kaum über die Runden kommen. Das soziale Gefälle ist nach wie vor krass, zwischen Jungen und Alten, vor allem aber zwischen Stadt und Land: In den Dörfern leben viele Letten in Armut. Die Arbeitslosigkeit, offiziell bei sieben Prozent, ist dort vier- bis fünfmal so hoch.

Die letzten Liven

Europas kleinstes Volk lebt in ein paar Fischerdörfern an der kurischen Küste

Der größte Teil Lettlands hieß seit dem 13. Jh. nach dem heidnischen Stamm, der es einst besiedelte: Livland, lettisch *Vidzeme*. Der mittelalterliche Ordensstaat Livland erstreckte sich vom Peipus-Sees im jetzigen Estland bis an die kurländische Küste. Dort leben in 14 Dörfchen am Kap Kolka noch heute knapp 1500 Nachfahren der finno-ugrischen Liven als Fischer. Ihre robusten, mit geteerter Eiche beplankten Küstenkähne wichen längst modernen Motorkuttern, und auch die alten Bräuche spielen in der Alltagskultur nur noch eine eher folkloristische Rolle. Der lettische Staat hat die Livendörfer, in denen noch viele der altertümlichen hölzernen Fischerkaten stehen, darum als ethnografisches Kulturdenkmal unter Schutz gestellt und fördert Traditions- und Sprachpflege. Denn nur zwei Dutzend Menschen dieser kleinsten Ethnie Europas sprechen noch die livische Sprache.

RESTORĀNS
KOLONNA
GLEZNIECĪBA
GRAFIKA
LIETIŠKĀ MĀKSLA
MODE

Kümmel, Bier und dunkles Brot

Letten mögen es sauer und deftig, doch auch die vielen fremden Herrscher haben ihre Spuren auf der Speisekarte hinterlassen

Die traditionelle lettische Küche ist wie das Land: bodenständig und bäuerlich, nicht besonders raffiniert und manchmal ziemlich schwer, doch herzhaft lecker und auch voller köstlicher Überraschungen. Gemüsesuppen *(sakņu zupa)* in vielen Variationen von kräftig bis klar, süße Mehl- und Quarkspeisen, Milchsuppen und deftige Gerichte wie graue Erbsen mit Speck, Graupensuppe und Aufläufe aus Buchweizen *(griķi)* und Gerste *(grūbas)* prägen die Speisekarte des Hausgemachten. Fleisch gehört immer dazu, ebenso Kartoffeln. Und natürlich die Früchte der riesigen Wälder: Honig, lettisch *medus*, Moos- und Blaubeeren sowie Pilze, auf jede nur denkbare Art zubereitet. Gewürzt wird eher sparsam. Das lettische Nationalgewürz allerdings wird dem Gast nicht lange verborgen bleiben: Was den Litauern ihr Dill, ist den Letten ihr Kümmel. Sie verfeinern damit fast alles, ob Fisch, Fleisch, Kartoffeln oder Brot.

Typisch für die lettische Küche ist auch die Vorliebe fürs Säuerliche. Kein Bauernmarkt ohne Sauerkraut *(skābēti kaposti)* verschiedener Geschmacksrichtungen und Rezepturen. Auch ihr Nationalgericht *putra*, gekochte Gerstengrütze, ist für die Letten erst komplett, wenn sie es kräftig mit Sauerrahm abgeschmeckt haben. Zu vielen Speisen wird Brot gereicht. Brot, lettisch *maize*, gilt wie überall im Baltikum geradezu als Heiligtum. Typisch für Lettland und sehr schmackhaft ist dunkles Roggenbrot *(saldskāba maize)*. Jeder Laden hat so viele Sorten im Angebot, dass Sie im Urlaub mühelos jeden Tag eine andere probieren könnten. Auf dem Land backen viele Leute ihr Brot bis heute selbst.

Jahrhundertelang lag das Baltikum unter Fremdherrschaft, die Eroberer prägten natürlich die lettische Speisekarte mit. Den Deutschen schreibt man die lettische Vorliebe für geräucherten Fisch und mild gewürzte Speisen zu. Herzhafte Wildgerichte und Sauerkraut erinnern an polnische Traditionen. Das Verfeinern von Süßspeisen und Eis mit Zimt ist den Schweden eigen. Die meisten Zutaten brachte Russlands Küche ein. Zweihundert Jahre Zusammenleben prägen: Russische Nationalgerichte wie der Borschtsch sind aus der lettischen

Wem in Rīga der Magen knurrt, der hat die Qual der großen Auswahl

Lettische Spezialitäten

Lassen Sie sich diese Köstlichkeiten gut schmecken!

Buberts – Lettlands »Manna«: cremiger, kalt servierter Weizenpudding

Chalodni borschtsch – die berühmte Rote-Beete-Suppe, eigentlich ein Klassiker der slawischen Küche, wird in Lettland kalt serviert, gern mit Ei und Sauerrahm verfeinert

Cukas ar skabiem kapostiem – Eisbein mit Sauerkraut, unverkennbar eine Hinterlassenschaft der deutschen Küchentradition und auch in Lettland sehr beliebt

Janu siers – Johanniskäse. Der mit Kümmel gewürzte Hüttenkäse wird nur zum Sonnenwendfest gegessen

Kringels – traditionelles süßes Mandelgebäck in Brezelform

Krupnikas – würziger Honiglikör, mit Kümmel, Nelken und Ingwer verfeinert

Ligsdinas – lettisches Nationalgericht. Mit hart gekochten Eiern, Pilzpüree oder anderen kalorienreichen Überraschungen gefüllte Frikadellen. Dazu gibt's Kartoffeln, eine Bouillon und natürlich einen Klecks Sauerrahm oder Sahne

Melnais Balzāms – Lettlands hochprozentiger schwarzer Kräuterlikör soll einst als Medizin erfunden worden sein

Negis – sieht aus wie ein kleiner Aal, ist aber ein Flussneunauge und eine baltische Delikatesse, grätenfrei und sehr schmackhaft. Wird auf viele Arten zubereitet

Piragi – gebackene, gefüllte Teigtaschen, Russland lässt grüßen. Piroggen gibt's meist mit Hackfleisch, aber auch mit Pilzen, Fisch, Kartoffelpüree, gekochtem Ei, Kräuterquark oder Kohl gefüllt

Putra – gekochte, mit saurer Sahne, mancherorts auch mit Milch verrührte Gerstengrütze. Dazu gibt es Kartoffeln und gern Fisch. Klassiker der lettischen Küche

Rasols – Kartoffelsalat mit Roter Beete und Äpfeln

Saldejums – Lettlands berühmtes Speiseeis. Die mit Zimt, Nüssen, Blaubeeren, Honig, Karamell und Schokoladensauce veredelten Kreationen sind eine Welt für sich

Senu zupa – traditionelle baltische Pilzsuppe, gibt's in vielen Variationen

Skabu kapostu zupa – Sauerkrautsuppe mit Tomaten, Zwiebeln und Schinken

Küche nicht wegzudenken. Die Letten bereiten die berühmte Rote-Beete-Suppe gern als Kaltspeise zu, mit einem Löffel Sahne wird *chalodni borschtsch* zur köstlichen Erfrischung an heißen Sommertagen. Beliebt sind auch Russlands *bliny*, die hauchdünnen Pfannkuchen aus Buchweizenteig. Man genießt sie sowohl als Vorspeise mit Pilzen oder Kaviar als auch zum Dessert, dann mit bittersüßer Moosbeerenkonfitüre bestrichen und – Sie ahnen es – einem Klecks *putukrējums*, Schlagsahne, obendrauf.

Das bekannteste Genussmittel der Russen ist freilich immer noch der Wodka, und den trinkt man auch in Lettland reichlich – vom allgemein bekannten »Stolitschnaja« bis hinauf zum fast 50 Prozent starken »Sibirskaja«. Wer es milder mag, wähle eine baltische Sorte, z. B. den litauischen »Kristalinė«-Wodka.

So klar das weizengebrannte Wässerchen daherkommt, so abgründig dunkel schimmert Lettlands hochprozentiges Nationalgetränk: *Balzāms*, der legendäre schwarze Kräuterlikör, ein echter Exportschlager. Auch aromatische Honig- und Beerenschnäpse sind typisch für das Baltikum. Probieren sollte man den »Allažu kimelis«, einen rustikalen Kümmellikör.

Weinliebhaber indes erwarten von Lettland besser nicht zu viel. Lettland ist ein Bierland und wie die anderen beiden Ostseerepubliken auch mächtig stolz auf seine lebendige Brautradition. Hier gibt es noch viele kleine Privatbrauereien, die ein würziges, zum Teil sehr starkes Bier *(alus)* brauen. Außer dem Gerstensaft des Rīgaer Marktführers »Aldaris« lohnt es sich, die Biere aus der Provinz zu probieren, vorzüglich schmecken »Cēsis«, »Līvu« oder »Kimmel«. Vielerorts wird ein süffiges Bauernbier gebraut, doch Vorsicht: Das Zeug hat's in sich. »Prost« heißt auf lettisch übrigens »Priekā«!

Die Palette an alkoholfreien Getränken entspricht dem westlichen Angebot. Einheimisches Mineralwasser ist etwas salzig. Wer Urlaub auf dem Land macht, wird von den köstlichen selbst gemachten Beerensäften begeistert sein.

Längst hat sich neben der traditionell baltischen auch die internationale Küche etabliert, vor allem in den großen Städten, unter denen wiederum Rīga in einer eigenen Restaurantliga spielt. Ob armenisch, malaysisch, türkisch oder französisch – in Lettlands Metropole kein Problem. Auch auf der Fastfood-Seite der gastronomischen Skala muss Rīga längst keinen Vergleich mit westeuropäischen Metropolen mehr scheuen. Übrigens werden auch in vielen Cafés *(kafejnica)* gute Mahlzeiten serviert. Junge Leute zieht es vor allem in die quirligen Restaurantfilialen der Lido-Kette. Deren *Atpūtas centrs* in Rīga, das »größte Blockhaus der Welt«, ist regelrecht Kult.

Die einheimische Küche ist dennoch nicht in Gefahr unterzugehen. Viele Restaurants haben traditionelle Gerichte auf der Speisekarte. Altlettisches Hausgemachtes freilich werden Sie am ehesten in kleinen Pensionen, auf Bauernhöfen und in Privatquartieren kennen lernen. Fern der Hauptstadt fällt die gastronomische Vielfalt erheblich magerer aus. Dafür ist in der Provinz manches traditioneller geblieben. Wohl bekomms! *Labu apetiti!*

Götterträuen und Schwarzer Balsam

Das große Angebot an schönem Kunsthandwerk schöpft in Lettland aus den lebendigen Traditionen aller Landesteile

Wer ein typisch lettisches Mitbringsel sucht, wird in jedem Winkel des Landes etwas anderes finden. In Vidzeme etwa lebt die alte livländische Handarbeitstradition weiter. Kunstvoll bestickte Leinentischdecken und -kleider, Wollpullover, Handschuhe und Schals sind hier so typisch wie im Südosten die auf uralte Art gebrannte bäuerliche Keramik. Rīga bietet hochprozentiges Genussvolles: Schwarzen Balsam *(Rīgas Melnais Balzāms)*, den Kräuterlikör, und die berühmte *Laima*-Schokolade. An der Küste ist es natürlich Bernstein, das Gold der Ostsee. Von Ventspils bis Jūrmala bieten zahllose Souvenirläden, Straßenhändler und feine Galerien Bernsteinschmuck an – mal elegant, mal superkitschig. Liepājas Bernsteinjuweliere sind bekannt für ihre modernen Arbeiten, denn die »Götterträuen« sind in Lettland auch bei jungen Frauen beliebt.

Wie sehr traditionelles Weben, Stricken, Schnitzen und Schmieden in Lettland noch zur Alltagskultur gehört, bestaunen Sie am besten in einem der vielen Kunsthandwerksläden, erkennbar am Schild »Daiļrade«. Noch größer ist das Angebot im Ethnografischen Freilichtmuseum in Rīga und erst recht auf dem Kunsthandwerkermarkt *Gada tirgus*, der dort alljährlich am ersten Juniwochenende stattfindet.

Nichts als altes Harz und doch so begehrt: Bernstein, das Ostseegold

Das Warenangebot hat längst Westniveau erreicht. Von Rēzekne bis Liepāja werden Sie fast allerorten einen Supermarkt finden, in dem es alles zu kaufen gibt, was man zum Leben braucht. Discounter wie die Rimi-Kette betreiben ein dichtes Netz von Filialen. Geöffnet sind sie bis spätabends – selbst sonntags. Lediglich in dünn besiedelten Gegenden fehlt dieser Komfort. Einen Lebensmittelladen *(Pārtikas veikals)* gibt's aber in jedem größeren Ort.

Eine Welt für sich sind die Märkte *(Tirgus)*. Die sollten Sie unbedingt besuchen. Nicht nur des üppigen Angebots wegen: Von Gemüse, Pilzen und Honig bis hin zu leckerem Gebäck gibt's einfach alles. Auf den Märkten schlägt der Puls des lettischen Alltagslebens. Und viele der Menschen, die hier Obst verkaufen, haben die Einnahmen allemal nötiger als die Handelsriesen mit ihren Megaeinkaufszentren.

Feste, Events und mehr

Letten singen und feiern gern – und machen manchmal die Nacht zum Tag

Die großen christlichen Feste stehen auch in Lettland in hoher Gunst, doch das schönste und beliebteste wurzelt im heidnischen

Durchhalten, die Nacht ist lang!

Brauchtum: *Janis*, das Johannisfest zur Sommersonnenwende. Unzählige Traditionen ranken sich um das Fest der Lebensfreude, von speziellen Speisen bis zu den *Līgo*-Liedern, die nur am Sonnenwendfeuer gesungen werden. Männer, die Janis heißen, tragen Kränze aus Eichenlaub, Verliebte suchen in der Janisnacht die Farnblüte, es wird gesungen, gelacht und getanzt, nur eines gewiss nicht – geschlafen.

Letten lieben Musik. Ob Jazz oder Oper, Rock oder Klassik: Überall finden im Sommer Konzerte und Festivals statt, ihre Zahl ist kaum zu überblicken. Aktuell informieren die örtlichen Touristenbüros und lettische Websites wie *www.concert.lv/concert.php* und *www.music.lv*

Feiertage

1. Januar *(Neujahr);* **Karfreitag***;* **Ostermontag***;* **1. Mai** *(Tag der Arbeit, Tag der Konstituierung des Lettischen Parlaments);* **14. Juni** *(Gedenktag für die Opfer des Stalinismus);* **23. Juni** *(Līgo-Fest – Entzünden des Feuers zur Sommersonnenwende);* **24. Juni** *(Johannistag);* **18. November** *(Nationalfeiertag, Ausrufung der Republik von 1918);* **25./26. Dezember** *(Weihnachten);* **31. Dezember** *(Silvester)*

Feste und Veranstaltungen

Januar

Weltcuprennen auf der Bobrodelbahn Sigulda: Ein Highlight im wintersportbegeisterten Lettland

März

Internationaler Frauentag: kein offizieller Feiertag mehr, aber Frauen freuen sich dennoch sehr über Blumen *(8. März)*

April/Mai

Dokumentarfilmfestival der Ostseeländer in Rīga *(Mitte April)*; *Baltisches Ballettfestival* in Rīga mit hochkarätigen internationalen Tanzensembles und Choreografen, *www.ballet-festival.lv (Ende April)* Theaterfestival *Baltischer Frühling* in Rīga, größtes im Baltikum

Juni

Insider Tipp *Historischer Handwerkermarkt* im Ethnografischen Freilichtmuseum bei Rīga mit Keramikern, Kunstschmieden, Webern und Schnitzern aus dem ganzen Land *(1. Wochenende im Juni)*; *Internationales Opernfestival* in Rīga, Aufführungen von europäischem Ruf, oft mit großen Namen *(Mitte Juni)*; *Mittelalterfestival Cēsis*, ein landesweit populäres Spektakel mit Ritterspielen, Theater und Kostümen in den Ordensburgruinen *(Mitte Juni)*; Festival der lettischen Popmusik *Mēs Liepājai* in Liepāja *(23. Juni)*

Juli/August

Internationales Folklorefest *Baltica* in Rīga, alle drei Jahre, stets im Wechsel mit Litauen und Estland (wieder im Juli 2006); *Meeresfest* in Ventspils mit Neptunprozession und allerhand Strandtrubel (2. Wochenende im Juli) *Festival für Alte Musik*, Klassik in drei Schlössern rings um Bauska *(3. Wochenende im Juli)*; Konzertreihe *Rīgaer Sommer*, Klassik Open Air in Rīga und Jūrmala *(Juli/August)*; Open-Air-Rockfestival *Liepājas Dzintars* im Jūrmalas Park, Lettlands ältestes, mittlerweile legendäres Rockkonzert *(Mitte August)*;
★ *Allgemeines Lettisches Sängerfest:* Das Volksfest des Landes schlechthin im Rīgaer Meža-Park mit mehr als 10 000 Sängern und mehreren Hunderttausend Zuschauern findet alle fünf Jahre statt, das nächste 2008

September

Internationales Filmfestival *Arsenâls* in Rīga, *(Mitte September in geraden Jahren)*
Herbstliche Tag- und Nachtgleiche: Das Fest kurz vor Michaeli ist fast ebenso beliebt wie die Sommersonnenwende, überall im Land brennen die Feuer *(23. September)*

Dezember

Insider Tipp *Weihnachtsmarkt in Rīga*, der schönste und größte im gesamten Baltikum mit Kunsthandwerk, viel traditioneller Musik und riesigen Lichtertannen *(Mitte Dezember)*

Beim Sängerfest wird auch getanzt

Miss Baltica

In Lettlands vitaler Metropole schlägt das Herz des Baltikums. Die Stadt verbindet hanseatisches Traditionsbewusstsein mit eleganter Lebenslust

Karte in der hinteren Umschlagklappe

Der schönste Weg nach Rīga **[111 F3–4]** führt von der Ostsee die Daugava hinauf. Unweit der Mündung breitet sich Lettlands Hauptstadt an beiden Ufern des Stroms aus, und von weitem wirkt das Panorama mit dem Ordensschloss, dem Dom und dem schlanken Turm von St. Petri, als habe sich die alte Hansestadt seit dem 15. Jh. nicht verändert. Doch schnell schiebt sich die Gegenwart einer pulsierenden, modernen Metropole mit 890 000 Einwohnern ins Bild, die als urbanes Zentrum des Baltikums gilt. Rīga ist Lettlands Herz und Seele. Jeder dritte Einwohner wohnt in der Hauptstadt, zieht man einen Kreis von nur 40 Kilometern um die Stadt, sogar jeder zweite. Rīga konzentriert zwei Drittel der lettischen Wirtschaft, 29 der 35 Hochschulen des Landes, die bedeutendsten Museen, ein Dutzend Theater.

Nehmen Sie sich Zeit, die Stadt zu entdecken, *Miss Baltica* hat viel zu bieten. *Vecrīga*, die gotisch-barocke Altstadt, und die berühmten Jugendstilviertel vereinen aus 800-jähriger Geschichte so viel einzigartige Baukunst, dass die Unesco das »Paris des Nordens« in den Adelsstand des Weltkulturerbes erhob. Doch die Perle hat ihren Preis: Rīga ist teuer. Hotels, Restaurants und die schicken Altstadtläden liegen deutlich über dem Preisniveau des übrigen Landes. Allerdings verdienen die Hauptstädter auch besser, und eine junge Aufsteigergeneration, beschäftigt in der boomenden Dienstleistungsbranche und in IT-Firmen, kann sich das Leben leisten. Zu den Verlierern zählen die Alten, von denen viele ihre magere Rente als Straßenfeger und Nachtwächter aufbessern, und das Arbeiterheer einstiger Sowjetkombinate. Sie leben in Rīgas tristen Vorstädten, von der polierten City

Schönes altes Rīga: Jugendstilfassaden voller Phantasie

Schönes neues Rīga: trendige Cafés

Groß, größer, Dom von Rīga: Selbst die Orgel hat hier gigantische Ausmaße

geradezu sinnbildhaft durch die Daugava getrennt.

So schön es ist, sich Rīga von der See her zu nähern, so sehr lockt an einem heißen Sommertag auch der umgekehrte Weg. Ihren Strand haben die Hauptstädter immer vor der Haustür: *Jūrmala*, die lettische Riviera, liegt nur wenige Autominuten vom Stadtrand entfernt.

SEHENSWERTES

Bastejkalns-Park **[U C3–4]**
Wie ein breiter grüner Gürtel zieht sich der beliebte Bastejkalns-Park beidseits des *Pilsētas Kanāls* am Boulevardbogen hin, Alt- und Neustadt verbindend. Mit den alten Bäumen und Blumenrabatten ähnelt er einem botanischen Garten. Ein Geflecht von Spazierwegen durchzieht die Anlage rings um den alten Basteiberg, wo einst die Festungswälle der Altstadt lagen. Im Süden reicht der Park bis an die Nationaloper und die Universität heran, nordöstlich schließt die Esplanade mit der Kunstakademie und dem prachtvollen Kunstmuseum an.

Dom (Doma baznīca) **[U B4]**
★ 5000 Menschen finden in der größten Kirche des Baltikums Platz. Schon als Rīgas Stadtgründer, Bischof Albrecht, St. Marien 1211 in Auftrag gab, wurde sie wegen ihrer gewaltigen Ausmaße außerhalb der Stadtmauer gebaut. Allein für den Rohbau mit 2 m dicken Mauern brauchte man 50 Jahre, und auch danach wurde so viel an der Kathedrale herumgebaut, dass sie drei Epochen vereint: Romanik, Gotik und Barock. Noch aus der Gründungszeit stammt das gewaltige Nordportal. Sehenswert sind auch die barocke Kanzel, das Schwarzhäuptergestühl und die bemalten Glasfenster, doch nichts reicht an

die Pracht der Walcker-Orgel von 1884 heran. Mit 6718 Pfeifen war sie damals die größte der Welt. Eine der klangschönsten ist sie geblieben. Besuchen Sie ein Orgelkonzert – ein unvergessliches Erlebnis. Konzertkarten gibt's gegenüber dem Haupteingang, eine Hörprobe unter *www.gewalcker.de. Di–Fr 13–18 Uhr, Sa 10–14 Uhr, Doma laukums*

Insider Tipp

Drei Brüder (Trīs brāļi) [U B4]

★ Geschwister sind die drei benachbarten Wohnhäuser eigentlich nicht, sie entstanden zu ganz verschiedenen Zeiten. Großer Bruder ist das Haus rechts. Mit dem gotischen Stufengiebel sieht es noch aus wie zur Bauzeit im 15. Jh. und gilt als das älteste Wohnhaus der Stadt. Das gelbe Haus in der Mitte trägt Züge holländischen Barocks und die Jahreszahl 1646 im Giebel. Der jüngste Bruder links stammt aus dem 18. Jh. Ein Rīgaer Wahrzeichen, das jede Stadtführung im Programm hat. *Mazā Pils 17–21*

Freiheitsdenkmal (Brīvības piemineklis) [U C4]

★ Drei goldene Sterne streckt Milda, die anmutige Frauengestalt, auf ihrer 42 m hohen Säule dem Himmel entgegen. Sie symbolisieren die Provinzen Latgale, Kurzeme und Vidzeme und damit Lettlands nationale Einheit. Den Sowjets war das 1935 errichtete Monument mit der Aufschrift *Tēvzemei un Brīvībai* (»Für Vaterland und Freiheit«) ein Dorn im Auge, doch es anzurühren, wagten sie nicht. Die stündlich

MARCO POLO Highlights »Rīga und Jūrmala«

★ **Petrikirche**
Ihr vierter Turm soll ewig halten (Seite 31)

★ **Schwarzhäupterhaus**
Nur ledige Kaufleute durften früher hinein (Seite 32)

★ **Freiheitsdenkmal**
Drei goldene Sterne krönen Lettlands Nationalmonument (Seite 29)

★ **Ethnografisches Freilichtmuseum**
An einem Tag ganz Lettland durchwandern (Seite 37)

★ **Gildehäuser**
Symbole hanseatischer Macht (Seite 30)

★ **Dom**
Die gewaltigste Kirche des Baltikums (Seite 28)

★ **Okkupationsmuseum**
Erschütternde Dokumente lettischen Leidens im »Schwarzen Sarg« (Seite 34)

★ **Jūrmala**
Die lettische Riviera: Ferientrubel und feiner Strand (Seite 38)

★ **Drei Brüder**
Häusliche Wahlverwandte Seite an Seite (Seite 29)

★ **Neustadt**
Wo Rīga im Jugendstil schwelgt (Seite 31)

wechselnde Ehrenwache schützt die Würde des Ortes. *Brīvības bulv.*

Gildehäuser (Lielā ģilde und Mazā ģilde) **[U C4]**

★ Wo die *Meistaru iela* mit bunten Handwerkerhäusern aus dem 16. und 17. Jh. auf den Livenplatz *(Līvu laukums)* mündet, stehen zwei Symbole der hanseatischen Macht Rīgas: die Gildehäuser. In der Großen Gilde schlossen sich 1354 die deutschen Kaufleute zusammen, heute beherbergt sie die Philharmonie. Die Kleine Gilde, auch Johannisgilde genannt, war seit 1352 Sitz der Handwerkerzünfte. Beide Häuser wurden Mitte des 19. Jhs. komplett im Stil englischer Tudorgotik umgebaut. Schräg gegenüber erinnert eine Rīgaer Kuriosität, das Katzenhaus *(Kaķu nams)*, an die Diskriminierung der Letten. Weil ihm die Aufnahme in die Gilde verweigert wurde, stellte ein reicher lettischer Kaufmann 1909 zwei schwarze Katzen auf das Dach seines Hauses – mit den Hinterteilen den arroganten Deutschen zu. *Amatu/Meistaru*

Johanniskirche (Jāņa baznīca) **[U C5]**

Gotteshaus mit Gruselzugabe: Beim Bau der spätgotischen Kirche ließen sich zwei Mönche lebend in die Außenwand einmauern. Das Kreuz an der Südwand kennzeichnet den Hohlraum. Zwischen Kirche und Eckens Konvent führt ein schmaler Gang auf den Johannishof *(Jāņa sēta)*, wo zwischen Resten der alten Stadtmauer und einem Klosterkreuzgang eine moderne Kunstgalerie zu finden ist. *Skārņu/Kalēju*

Laima Uhr **[U C4]**

Die Uhrensäule am Boulevardbogen ist ein beliebter Treffpunkt junger Rīgaer. 1924 wurde sie aufgestellt, damit die Arbeiter rechtzei-

Medusen und Dämonen

Rīga ist berühmt für seine Jugendstilhäuser

Feenhafte Frauengestalten flechten Girlanden um Fenstergesimse, Medusenhäupter und Dämonen blicken von Erkern zur Straße herab, wo Sphinxe die Haustür bewachen: Viele Fassaden nordöstlich der Altstadt schäumen über vor Lebenslust und operettenhafter Phantasie. Rīga zählt zu den Hochburgen des europäischen Jugendstils, der hier Anfang des 20. Jhs. so heftig aufblühte, dass ein Drittel aller Häuser im Stadtzentrum davon geprägt wurden. Der Wirtschaftsaufschwung hatte einen Bauboom in Gang gesetzt, der Lettlands junger Architektenzunft Flügel verlieh. Sie entwickelten den *art nouveau* für sich weiter, mischten typische lineare Ornamentik mit barocken und antiken Motiven. Berühmtester Vertreter dieser Schule war Michail Eisenstein, der in Rīga 20 Häuser schuf und dem lettischen Jugendstil damit Denkmäler atemberaubender Schönheit setzte. Die schönsten Häuser sehen Sie in der *Elisabetes*, der *Alberta* und der *Strēlnieku*.

Vom Turm St. Petris schweift der Blick über Altstadt und Düna bis zur Ostsee

tig zur Arbeit kamen, sagt man. Heute erinnert die Uhr vor allem an die legendäre Rīgaer Laima-Schokolade. *Brīvības/Basteja bulv.*

Neustadt **[U D–F 1–3]**

★ Neu-Rīga wuchs schnell, nachdem Zar Nikolaus II. 1857 erlaubt hatte, die Festungswälle zu schleifen – längst platzte die Altstadt aus allen Nähten. Der nostalgisch verwinkelte Charme Vecrīgas ist der Neustadt fremd, geprägt wird dieser Stadtteil von breit anlegten Boulevards wie dem Brīvības, der Hauptachse Rīgas. In der Neustadt entstanden während des wirtschaftlichen Aufschwungs Anfang des 20. Jhs. die meisten der 800 Jugendstilhäuser, für die Rīga so berühmt ist.

Petrikirche (Pētera baznīca) **[U C5]**

★ Rīgas schönste Kirche, vor allem wegen des barocken, von zwei offenen Galerien filigran unterbrochenen, achteckigen Turmes: Mit 121 m Höhe ein Wahrzeichen der Stadt. Ein Lift bringt Sie 72 m hinauf zur Aussichtsplattform, die einen traumhaften Blick über die Daugava bis zur Ostsee bietet. Der erste Turm galt damals mit 136 m als höchster Holzturm der Welt. Er stürzte 1667 ein, und auch seinen Nachfolgern waren Himmel und Schicksal nicht gewogen: Noch zweimal brannte der Turm der Petrikirche nieder, 1721 vom Blitz und 1941 von deutschen Bomben getroffen. Die Rīgaer bauten ihn immer wieder auf – zuletzt 1973 mit einem Stahlkorsett. Auch die Turmuhr wurde rekonstruiert und lässt seither wieder alle drei Stunden die alte Volksweise *Rīga diemd* (»Rīga dröhnt«) erklingen. *Skārņu 19, Di–So 10–17.15 Uhr*

Insider Tipp

Pulverturm (Pulvertornis) **[U C4]**

Die Zeiten, in denen Rīga eine Stadtmauer mit 28 Türmen brauch-

Eine wahre Renaissance: Das Schwarzhäupterhaus stammt von 1999

te, sind lange vorbei. Der Pulverturm aus 3 m dicken Mauern in der Insider Tipp schön restaurierten nördlichen Altstadt ist der letzte erhaltene Eckzahn der Bewehrung; er birgt heute ein Kriegsmuseum *(Kara muzejs, Di–So 11–18 Uhr, Do 12–19 Uhr, Smilšu 20)*. Unweit des mittelalterlichen Kugellagers wurden Teile der Stadtmauer rekonstruiert. Die Straßen am Pulverturm, die *Torņa* und die *Trokšņu*, sind die ältesten Rīgas.

Reuternhaus (Reiterna nams) [U C5]
Johann Reutern, ein vom schwedischen König geadelter Patrizier, ließ sich dieses Prachtstück nordischen Barocks 1684–88 bauen und nicht nur sich und seine Frau als Porträts in den Kapitellen der korinthischen Säulen verewigen, sondern auch politische Symbolik: Im Gesims besiegt Schwedens Löwe den russischen Bären. Das Haus war Kontor, Wohnung und Warenlager in einem. Heute residiert die schreibende Zunft im »Haus der Journalisten«. *Mārstaļu/Audēju*

Schloss (Rīgas Pils) [U B4]
Seit 500 Jahren prägen die beiden Wehrtürme des Rīgaer Schlosses das Stadtpanorama von der Daugava her mit. Der Rest des palastartigen Komplexes ist immer repräsentativer erweitert worden: Hier residierten schwedische, polnische und livländische Gouverneure. Heute ist das Schloss Sitz des Präsidenten. Ein Teil des staatstragenden Ensembles ist frei zugänglich, ein Besuch lohnt sich. Im Schloss sind drei Museen untergebracht. *Pils lauk. 3*

Schwarzhäupterhaus (Melngalvju nams) [U B5]
★ Der Renaissance-Ziergiebel des Zunfthauses von 1334 prägt den alten Rathausplatz *(Rātslaukums)*. Der eigenartige Name geht auf die »Compagnie der schwarzen Häup-

ter« zurück – eine mittelalterliche Bruderschaft, zu der nur unverheiratete Kaufleute Zutritt hatten. Ihr Schutzpatron war der heilige Mauritius. Das alte Schwarzhäupterhaus fiel wie die gesamte Bebauung des Rathausplatzes 1941 in Schutt und Asche. Was Sie heute bestaunen, ist eine perfekte Kopie: 1995–99 baute man das Juwel Vecrīgas originalgetreu wieder auf. Davor steht auch wieder eine Replik des historischen Roland. Von seiner Schwertspitze maß man früher alle Distanzen zu anderen Orten. Auf ihren in alter Pracht auferstandenen Rātslaukums sind die Rīgaer sehr stolz. Wollen Sie auf Ihrem Altstadtbummel eine Pause einlegen, ist der stimmungsvolle Platz mit Cafés und Musikanten eine gute Wahl. *Rātslaukums 6*

Schwedentor (Zviedru vārti) **[U C4]**
Rīgas einziges erhaltenes Stadttor (von einst 25) entstand, weil den schwedischen Besatzern ein direkter Weg aus der Altstadt zu ihren Kasernen fehlte: Sie brachen 1698 einfach ein Loch in ein Wohnhaus. Heute pilgern vor allem Touristen durch das eigenartige Tor, an dessen Seite einst der Henker der Stadt wohnte. Stellte er eine rote Rose ins Fenster, lag Arbeit an. *Torņa/Aldaru*

MUSEEN

Rīga hat etwa 50 Museen, Ausstellungen in den vielen Galerien nicht gezählt. Einen aktuellen musealen Überblick gibt's im Touristenbüro (TIC) und unter *www.muzeji.lv*

Arsenal (Arsenāls) **[U B4]**
Für Liebhaber zeitgenössischer Malerei ist das Galeriemuseum im alten schwedischen Arsenal ein Muss. Wechselnde Ausstellungen. *Di–So 11–17 Uhr, Torņa 1*

Jüdisches Museum (Zidu muzejs) **[U D2]**
Das kleine Museum erinnert an Leben und Kultur der 80 000 von den Nazis ermordeten lettischen Juden. Es gibt auch Führungen durch das »jüdische Rīga«, u. a. zur einzigen erhaltenen Synagoge in der *Peitavas. Mo–Fr 12–17 Uhr, Skolas 6*

Insider Tipp

Mentzendorffhaus (Mencendorfa nams) **[U C5]**
Im detailgetreu sanierten Patrizierhaus sehen Sie, wie Rīgas reiche Kaufleute im 17. und 18. Jh. lebten. Die Wandmalereien wurden erst bei der Restaurierung wieder entdeckt. Hier hat die deutsch-lettische Begegnungsstätte »Domus Rīgensis« *(www.domus-rigensis.de)* ihren Sitz. *Mo–Sa 10–17 Uhr, Grēcinieku 18*

Motormuseum (Motormuzejs) **[O]**
Insider Tipp
Prominentester Dauergast dieses originellen Museums im Nordosten der Stadt ist der sowjetische Parteichef Leonid Breschnew. Er sitzt zur Wachsfigur erstarrt in seinem Unfall-Rolls-Royce. Auch Karossen anderer Sowjetlenker haben in der Sammlung von 200 historischen Autos einen Parkplatz gefunden – so Stalins Packard-Nachbau mit fünf Zentimeter dicken Panzerglasscheiben. *Di–So 10–15 Uhr, Mo 10–18 Uhr, Eizenšteina 6*

Museum der Geschichte Lettlands (Latvias vēstures muzejs) **[U B4]**
Wer sich für baltische Historie interessiert, kommt an dem National-

museum im Rīgaer Schloss nicht vorbei. Geschichte von der Steinzeit bis in die Gegenwart. Eine Augenweide ist die Sammlung lettischer Nationaltrachten. Nebenan im *Museum für Ausländische Kunst (Ārzemju Mākslas muzejs)* gibt es Chinaporzellan und Werke holländischer alter Meister zu sehen. *Mi–So 11–17 Uhr, Pils lauk. 3*

Museum für Schifffahrt und Geschichte (Rīgas vēstures un kuģniecības muzejs) [U B4]
Rīgas ältestes Museum besteht seit 1773. Fans des Maritimen werden von den Schiffsmodellen begeistert sein. Sehenswert ist die Ausstellung schon ihres Ortes wegen: Sie ist über dem Kreuzgang des einstigen Domklosters untergebracht. Nebenan in der Domschule lehrte Johann Gottfried Herder. Seine Büste steht auf dem Platz vor dem Museum. *Mi–So 10–17 Uhr, Palasta 4*

Okkupationsmuseum (Ocupācijas muzejs) [U B5]
★ »Schwarzer Sarg« nennen die Rīgaer den kantigen Hallenbau am Rathausplatz, in dem eine umfangreiche und erschütternde Ausstellung das lettische Leid unter Naziterror und sowjetischer Besatzung dokumentiert. Nach dem Besuch dieses Museums werden Sie Lettland mit anderen Augen sehen. *Di–Sa 11–17 Uhr, Strēlnieku lauk. 1, www.occupationmuseum.lv*

ESSEN & TRINKEN

Vom *Alus Arsenal* bis zur *Zeppelin GmbH* lockt in Rīga eine bunte gastronomische Szene: exklusive Feinschmeckerrestaurants, urige Kellerkneipen, schräge Künstlerlokale. Zur traditionellen lettischen Küche hat sich exotische Konkurrenz gesellt. Zudem bieten alle großen Hotels Toprestaurants meist internationaler Prägung. Aktuelle Tipps im »Rīga In Your Pocket«.

Alus sēta [U B4]
Sēta heißt Hof. *Alus* heißt Bier. Und das hat es hier in sich. Herzhafte lettische Küche. *Tirgoņu 6, Tel. 722 24 31, €*

Charleston [U E4]
Herrlich nostalgischer 20-Jahre-Charme prägt dieses Altstadtlokal, in dem man sehr gut isst. Die Küche ist eine Reverenz an die kanadisch-lettischen Heimkehrer, die hier gern speisen. *Blaumaņa 38/40, Tel. 777 05 73, €€*

Kaļķu Vārti [U C4]
Der Küchenchef lässt sich viel einfallen, um seine Gäste zu verwöhnen. Probieren Sie die Pfannkuchen mit Kaviar! Abends spielt oft Livemusik. *Kaļķu 11 a, Tel. 721 25 75, €€*

Citas Debesis [U C5] Insider Tipp
Rosa Plastik, Schalenstühle in Orange und eine Neonlichtbar: Das Altstadt-Café setzt einen quietschbunten Kontrast zu Backstein und Mittelalter. *Skārņu 10/20, Tel. 722 70 21, www.citasdebesis.lv, €*

Otto Schwarz [U C4]
Deutsch geführtes Restaurant des Luxushotels de Rome, es gilt als Rīgas nobelster Gourmettempel. *Kaļķu 28, Tel. 708 76 23, €€€*

Traktieris [U C2]
Piroggen, Pelmeni und köstlicher Borschtsch werden Ihnen in dem russischen Restaurant von Kellnern

in Landestracht aufgetischt. *Traktir* ist ein altes russisches Wort für Kneipe. *Antonijas 8, Tel. 733 24 55,* **€€**

Vincents **[U C2]**
Die extravaganten Kreationen von Küchenchef Mārtinš Rītiņš locken wohlhabendes Publikum und Prominenz in das exklusive Lokal. *Elizabetes 19, Tel. 733 26 34,* **€€€**

EINKAUFEN

Basteja Pasaza **[U C4]**
Topaktuelle Kreationen lettischer Modemacher von Asnate Smeltene bis Salons Galants und internationale Marken. *Basteja bulv. 16*

Mode maksla galerija **[U D3]**
Elegante bis extravagante Damenmode Rīgaer Edelschneider und internationale Labels. *Elizabetes 22 a, Tel. 733 21 25*

Insider Tipp **Zentralmarkt (Centrāltirgus)** **[U D6]**
Berge von Obst und Gemüse, exotische Früchte, Brot und Gebäck in zahllosen Sorten, Fisch, Fleisch, Blumen rund um die Uhr, Gewürze, Honig, Wolle – auf dem Zentralmarkt gibt es wohl nichts, was es nicht gibt. Der Tirgus in den einstigen deutschen Zeppelinhangars am Busbahnhof ist eine Rīgaer Sehenswürdigkeit. *Tgl. 8–18 Uhr, Pragas 1*

ÜBERNACHTEN

Das Übernachtungsangebot hat längst Westniveau erreicht, vom Fünfsternehotel bis zu Bed & Breakfast und Jugendherberge ist jede Kategorie vertreten. Internationale Ketten wie Grand Palace, Best Western oder Maritim betreiben Luxushotels, wie sie auch in Paris und Stockholm zu finden sind. Im europäischen Vergleich gilt Rīga als überteuert, die wenigen günstigen Hotels im Stadtzentrum sind meist belegt. Da hilft nur rechtzeitiges Buchen. Die komplette Hotellerie unter *www.allhotels.lv*

Homestay **[O]**
Diga und Ric, sie Lettin, er Neuseeländer, bieten in ihrem Holzhaus im grünen Stadtteil Mezaparks vier gemütliche, mit kunterbunten Möbeln ausgestattete Zimmer. Besonders schön ist der üppige Ökogarten. Ständige Mitbewohner des Hauses sind die friedliche Hündin Sara sowie die Katzen Cinders und Nelson Mandela. *Stokholmas 1, Tel. 755 30 16, www.homestay.lv,* **€**

Zentralmarkt: Hort der Vitamine

Konventa Sēta [U C5]
Das zum noblen de Rome gehörende Hotel verbindet skandinavisch-modernes Interieur mit mittelalterlichem Ambiente. Sie wohnen mitten in der Altstadt im historischen Konventhof mit seinen verschachtelten Innenhöfen. *141 Zi., Kalēju 9/11, Tel. 708 75 01, Fax 708 75 15, www.konventa.lv,* €€€

Patrīcija Ltd. [U E4]
Vermittlung von Bed & Breakfast- und Privatquartieren. *Elizabetes 22-6, Tel. 728 48 68, Fax 724 28 54, www.rigalatvia.net,* €€

Placis [O]
Einfache, saubere und günstige Jugendherberge im Nordosten der Stadt, Zimmer mit Kühlschrank. Auf Studentenausweis gibt's noch mal Rabatt. *Laimdotas 2 a, Tel. 755 18 24, www.placis.lv,* €

Insider Tipp **Radi un Draugi** [U C5]
Das britisch-lettisch gemanagte Hotel »Verwandte und Freunde« im Speicherviertel empfiehlt sich mit hellen, phantasievoll ausgestatteten Zimmern und einem für die Lage sehr günstigen Preis. Früh buchen! *77 Zi., Mārstaļu 1, Tel. 722 03 72, Fax 24 22 39, www.draugi.lv,* €€

Reval Hotel Latvia [U D3]
Seine Sowjetherkunft sieht man der einstigen Intourist-Herberge nicht mehr an. Das 26-stöckige Hochhaus an der Esplanade wurde 2001 aufs Feinste renoviert und gehört seither zu den Tophotels der Stadt. Vom Café unterm Dach genießen Sie den wohl schönsten Blick auf die Altstadt. *382 Zi., Elisabetes 55, Tel. 777 22 22, Fax 777 22 21, www.revalhotels.com,* €€€

SAS Radisson Daugava [U A6]
Eines der besten Hotels der Stadt. Das an der Daugava gelegene Haus bietet Viersternekomfort, dazu einen Bilderbuchblick über den Fluss auf die Altstadt. Das Restaurant *Talavera* serviert mediterrane Küche. *128 Zi., Kuģu 24, Tel. 706 11 11, Fax 706 11 00, www.radissonsas.com,* €€€

Viktorija [U F3]
In dem Jugendstilhotel haben Sie die Wahl zwischen elegant renovierten Zimmern und solchen, die zwar sauber und solide eingerichtet sind, doch die Veredelung noch vor sich haben. Der Preisunterschied ist deutlich. *36 Zi., Èaka 55, Tel. 7014111, Fax 7014140, www.hotel-viktorija,* €– €€

AM ABEND

Hamlets [U C5]
Theaterkneipe im Johannishof, oft Livejazz. *Jana sēta 5, 12–2 Uhr*

Bites Blūza Klubs [U D2]
In Rīgas coolstem Bluesclub dürfen auch Bands anderer Musikrichtungen auf die Bühne. Amerikanische Küche, tolle Atmosphäre. *Dzirnavu 34a, 12–2 Uhr, www.bluesclub.lv*

La Rocca [U D4]
Riesiger Dancespot in einem umgebauten ehemaligen Operettentheater. Techno, bis es hell wird. *Brīvības 96, 12–6 Uhr, Eintritt 8 Euro, www.larocca.lv*

Pulkvedim neviens neraksta [U C5] Insider Tipp
Das nach dem Márquez-Roman »Der Oberst hat niemand, der ihm schreibt« benannte Szenelokal ist

einer der angesagtesten Clubs der Hauptstadt. Liveacts von Punkrock bis House, auf der Bühne oft die Geheimtipps der lettischen Musikszene. Bunt gemischtes Publikum aus Kreativen, Studenten und Geschäftsleuten. *Peldu 26/28, Mo–Do 12–3, Fr/Sa 12–5, So 16–1 Uhr*

AUSKUNFT

Touristenbüro (TIC) **[U B5]**
Mo–Fr 10–20 Uhr, Schwarzhäupterhaus, Ratslaukums 6, Tel. 703 79 00, Fax 703 79 10, www.rigatourism.com

Im TIC bekommen Sie auch die *Rīga-Card*, die in Museen ermäßigten Eintritt, kostenloses Benutzen vieler Bus- und Straßenbahnlinien und Rabatt in einigen Hotels gewährt. Die Rīga-Card kostet je nach Gültigkeitsdauer zwischen 15 und 30 Euro. Sehr zu empfehlen ist die zweimonatlich aktualisierte Broschüre »Rīga in Your Pocket« (engl.).

ZIELE IN DER UMGEBUNG

Ethnografisches Freilichtmuseum (Ethnogrāfiskais brīvdabas muzejs) **[111 F3]**

★ An einem Tag durch ganz Lettland wandern? Im Ethnografischen Museum am Juglas-See 8 km östlich der Innenstadt gelingt das. Über hundert Gebäude aus allen Provinzen wurden für dieses älteste Freilichtmuseum des Baltikums zusammengetragen: Bauernhöfe und Windmühlen, Ziehbrunnen, Eiskeller, eine Kirche, eine Dorfschmiede und ein kurisches Fischerdorf. Viele Häuser kann man auch von innen besichtigen, manche sind über 300 Jahre alt, etwa der Speicher aus Libau. Für den Besuch kann man einen ganzen Tag einplanen. Für Verpflegung ist gesorgt: Ein originales Wirtshaus serviert deftig altlettisch. Im Museumsladen gibt's traditionelles Kunstgewerbe in großer Auswahl. *Tgl. 10–17 Uhr, Brīvības 440*

Moderne Operette: Die Diskothek La Rocca war früher ein Musiktheater

Ikšķile [112 A5]
Die Ruine der Marienkirche auf der kleinen Insel im Daugava-Stausee bei Ikšķile, 35 km südöstlich von Rīga, gilt Urkunden nach als ältestes gemauertes Bauwerk im Baltikum. Der Mönch Meinhard von Segeberg, erster Bischof von Livland, gründete hier 1186 die Missionsburg Uexküll.

Salaspils [111 F4]
»Hinter diesem Tor stöhnt die Erde« mahnt es von der 105 m langen Betonmauer am Eingang des ehemaligen Konzentrationslagers Kurtenhof, in dem die Nazis 1941–44 mehr als 100 000 Menschen ermordeten. Die meisten Opfer waren Juden. Die Gedenkstätte wurde 1967 eingerichtet. Bedrückende Stille lastet über dem grausigen Ort, zerrissen nur vom Klang eines in schwarzen Marmor eingefassten Metronoms; es verewigt den Herzschlag der Opfer. Eine von Wildrosen überwucherte Mauer erinnert wie ein stummer Schrei an über 7000 Kinder, die hier umkamen. Salaspils liegt 22 km südöstlich von Rīga an der A6 Richtung Jekabpils, zur Gedenkstätte am Ortseingang nach links abbiegen.

Mahnmal im früheren KZ Kurtenhof

JŪRMALA

[111 E4] ★ Schier endlos zieht sich der Strand an der Küste 20 km westlich von Rīga hin, gesäumt von Kiefernwäldern und sanftwelligen Dünen. Da lag der Name Jūrmala (»Strand«) nahe, als man 1958 ein Dutzend Fischerdörfer auf der Landzunge zum Kurort vereinte. Seither sind die einst selbstständigen Dörfer von der Lielupe-Mündung bis Kauguri Ortsteile einer 32 km langen Strandstadt. Mit 59 000 Einwohnern ist Jūrmala heute Lettlands fünftgrößte, der Fläche nach sogar die zweitgrößte Stadt. Große Teile Jūrmalas sind für den Durchgangsverkehr gesperrt. Wenn Sie den Kurort mit dem Auto befahren wollen, müssen Sie eine Tagesmaut von etwa 2 Euro zahlen.

SEHENSWERTES

Bulduri
Im Ortsteil nahe der Lielupe-Mündung erholte sich einst der deutschbaltische Adel. Prachtvolle Villen (Insider Tipp) aus dem 19. Jh. erinnern an diese Zeit, historisierende Kompositionen

In Jūrmalas noblen Villen erholte sich einst der Adel. Wovon, ist unklar

voller Zinnen, Erker und Türmchen, hier barocken Rausch, da gotischen Stolz zitierend. Schöner Strand.

Dubulti
Dieser Ortsteil, Lieblingssommerfrische vieler Rīgaer, liegt an der schmalsten Stelle zwischen Lielupe und Meer, nur 300 m trennen hier Flussufer und Strand. Das einstige Fischernest ist in einen idyllischen Kurort aufgegangen.

Majori
Jūrmalas »Hauptstadt« mit lautem, lebhaftem Strandleben. In der von verspielter Bäderarchitektur gesäumten Fußgängerzone *Jomas*, die quer durch Majori verläuft, reihen sich Restaurants, Cafés und Bars aneinander. Abends eine einzige Flanier- und Partymeile.

MUSEEN

Jānis Rainis Museum
In Majori steht das einstige Sommerhaus von Jānis Rainis. Lettlands Nationaldichter (1865–1929) verbrachte hier seine letzten Lebensjahre. Heute birgt es ein kleines Gedenkmuseum. *Mi–Sa 10–17 Uhr, Jana Pliekšāna 5/7*

Jūrmala Museum
Auch ein Strandbad schreibt Geschichte. Unterhaltsam Skurriles, etwa über die alten Strandkarren, mit denen sich die Badegäste einst gut verhüllt ins Wasser bringen ließen. Das Museum zeigt auch originelle historische Bademode. *Mi–So 11–17 Uhr, Majori, Tirgoņu 29*

ESSEN & TRINKEN

Bunt wie der Ferientrubel sind auch Jūrmalas Speisekarten, von armenisch bis altlettisch gibt's genug zu kosten für einen langen Urlaub. Die Beliebtheit des Seebades hat aber ihren Preis: Jūrmala ist teuer.

Haizivs & Bullis
Eines der besten Restaurants Jūrmalas, am Strand von Bulduri. Die stil-

volle Ausstattung zitiert britischen Geschmack. Serviert wird v. a. internationale Küche. *Bulduru prosp. 31, Tel. 775 33 71,* €€– €€€

Jūras Žakis
Gemütliche Kneipe im Fischerlook nahe dem Meer im Ortsteil Bulduri. Passend zum Interieur gibt es hier leckeren Fisch, zubereitet auf altlettische Art. *Vienibas prosp. 1, Tel. 775 30 05,* €€

Insider Tipp **Orient-Sultans**
Wie der Name schon sagt: Orientalische, aber auch kaukasische Küche vom Feinsten im passenden Interieur. *Jomas 33, Tel. 776 20 82,* €€

ÜBERNACHTEN

Einen kompletten Überblick über Unterkünfte finden Sie unter *www.jurmalatour.lv.*

Baltic Beach Hotel
Das traditionsreiche Kurhaus direkt am Strand von Majori ist 2004 vollständig umgebaut und als luxuriöses Resorthotel wieder eröffnet worden. Zum Angebot des Hauses gehören auch ein Fitnesscenter und ein 4000 m^2 großer Spakomplex mit Kuranwendungen und Massagen. *167 Zi., Juras 23/25, Tel. 777 14 00, Fax 777 14 10, www.balticbeach.lv,* €€€

Camping Nemo
Auf dem nah am Meer gelegenen Platz in Vaivari können Sie mit dem Wohnmobil rasten, ein Zelt aufschlagen oder aber eine Holzhütte mieten. Die sanitären Anlagen sind allerdings sehr schlicht. Außerdem ist es laut durch das Spaßbad nebenan. *Atbalss 1, Tel. 773 23 50, www.nemo.lv*

Kurši
Ein freundlich und familiär geführtes Gästehaus in Dubulti, das 16 Apartments in verschiedener Ausstattung von schlicht bis Luxus vermietet. *Dubultu prosp. 19, Tel. 777 16 06, Fax 777 16 05, kursi@augustceltne.lv,* €– €€

Lielupe
Der große Hotelkomplex im Ortsteil Lielupe wirkt nicht besonders einladend, doch die Zimmer sind frisch renoviert und alle mit Balkon. *260 Zi., Bulduru prosp. 64, Tel. 775 27 55, Fax 775 26 94, www.lielupe.lv,* €€

Majori
Sie wohnen mitten in Jūrmalas Hauptstadt. Stilvoll restaurierter Jugendstilbau mit komfortablen Zimmern und bemüht gutem Service. Auch das Restaurant (€€) mit großer Sommerterrasse ist zu empfehlen. *42 Z., Jomas 29, Tel. 776 13 80, Fax 776 13 89, www.majori.lv,* €€

AM ABEND

Klubs X
In Jūrmalas angesagtestem Club treten oft populäre Bands auf, auch als Disko beliebt. *Mo–Do 17–24 Uhr, Fr–So 13–6 Uhr, Majori, Konkordijas 13*

Konzerthalle Dzintari
Im Konzertsaal in Dzintari, bei schönem Wetter auf der Freilichtbühne, wechseln sich im Sommer Kammerorchester und Popbands ab, irgendwas ist fast jeden Tag los. *Turaidas 1, Termine unter www.dzk.lv*

SPORT & FREIZEIT

Wasserpark Nemo
Jūrmalas Freizeitbad in *Vaivari* mit Riesenrutschen und künstlichen Wellen macht vor allem Kindern Spaß. Ist die Ostsee zu kalt? Die Nemopools sind beheizt. *Mai bis Okt. tgl. 10–20 Uhr, Atbalss 1, www.nemo.lv*

STRAND

Um den Strand dreht sich alles im Seebad Jūrmala, das Badeparadies liegt hier quasi immer vor der Haustür: feinsandig, schneeweiß, 30 Kilometer lang. Da finden sich selbst mitten in der Hochsaison noch ruhige Abschnitte, wenn bunter Strandtrubel wie in Majori nicht so Ihr Fall ist. Über Jūrmala weht die Blaue Flagge für geprüft gute Wasserqualität.

AUSKUNFT

Tgl. 9–17, Juni/Juli 9–21 Uhr, Jomas 42 (in Dzintari), Tel. 776 42 76, Fax 776 46 72, www.jurmala.lv. Hilfreich ist auch das Heft »Jūrmala In Your Pocket« mit Veranstaltungs- und anderen Tipps.

ZIEL IN DER UMGEBUNG

Ķemeri **[111 E4]**
Ein wenig abseits der Küste am westlichen Rand Jūrmalas liegt der mondänste Ortsteil der lettischen Riviera, berühmt geworden durch schwefelhaltige Heilquellen. Nachdem Zar Nikolaus I. das kleine Fischerdorf 1838 zum Kurort erhoben hatte, entstanden noble Villen und ein englischer Kurpark, in dem es sich noch heute herrlich spazieren gehen lässt.

Rings um den Ort erstreckt sich auf 380 km^2 der 1997 gegründete Ķemeri-Nationalpark **[111 E3–4]**, ein einzigartiges Küstenreservat aus Hochmooren, Schwefelsümpfen, Lagunen und Binnendünen. Zwei Bohlenwege führen durch diese einsame Moorwildnis nur wenige Kilometer vom Strandtrubel Jūrmalas entfernt. Mit Glück sehen Sie einen der seltenen Schwarzstörche. Nationalparkbesucherzentrum: *Mai bis Okt. tgl. 9–18 Uhr, Meža māja, www.kemeri.gov.lv*

Insider Tipp

Wassertreten auf kurzen Beinen: Die lettische Riviera ist kindertauglich

Hügel, Wein und weiße Strände

Das alte Kurland fasziniert mit einer Mischung aus bewahrter Geschichte, rauer Küstennatur und lebendiger Stadtkultur

Kurzeme, früher Kurland, ist die westlichste der historischen Provinzen Lettlands. Sie grenzt an Litauen und die Ostsee und kam selbst für die meisten Letten jahrzehntelang einer *terra incognita* gleich: Küste und große Teile des Hinterlandes waren Militärsperrgebiet. 15 Jahre Freiheit haben den Bann nicht gebrochen. Immer noch wirkt Kurzeme still und abgelegen, ein weites Mosaik aus Hügeln, Kornfeldern und Wäldern, dazwischen Gutsdörfer und alte, nostalgisch blitzende Provinzstädtchen wie Talsi und Kuldīga. Die Menschen leben hier hauptsächlich von Landwirtschaft und Handwerk, einen Aufschwung nimmt auch die Holzverarbeitung. An der kurländischen Küste liegen die beiden bedeutendsten Hafenstädte Lettlands: Liepāja, als sowjetische U-Boot-Basis bis 1990 gesperrte Stadt, und Ventspils, größter Ölhafen des Baltikums und eines der wirtschaftlichen Zentren Lettlands. Trotz ihrer militärischen und industriellen Erblast überraschen beide Städte mit viel Charme und Vitalität, originellen Museen, viel Kultur – und traumhaften Sandstränden.

Ohrenschmaus: Über 150 m Breite rauscht die Venta in Kuldīga hinab

KULDĪGA

[110 B3] Den Beinamen »Perle der Kurzeme« trägt die malerische Kleinstadt (13 000 Ew.) an der Venta nicht von ungefähr. Nirgends sonst in Lettland blieb ein derart geschlossenes Ensemble historischer Holzhäuser aus dem 18. und 19. Jh. erhalten, und es wundert nicht, dass die älteste Stadt Kurlands schon oft Drehort historischer Filme war. Gegründet wurde das einstige Goldingen vor 650 Jahren von Ordensrittern, doch ihre große Blüte erlebte die Hansestadt im 16. und 17. Jh., als hier der kurländische Herzog residierte. Was blieb, ist Nostalgie. Und freundliche Bewohner, die sich nach Jahren lähmender Isolation über Gäste freuen.

SEHENSWERTES

Dreifaltigkeitskirche (Sv. Trīsvienības baznīca)

Von außen Renaissance und eher schlicht geraten, überrascht die 1640 erbaute Kirche innen mit der

Ein Bild wie aus der Zeit gefallen: Kuldīgas historischer Stadtkern

üppigen Pracht von Barock und Rokoko, besonders schön sind der Beichtstuhl und der Altar, den Zar Alexander stiftete. *Raiņa 10*

Historischer Stadtkern

★ Ockergelb, blassblau, lindgrün und ein bisschen verwittert lehnen die hölzernen Kaufmanns- und Handwerkerhäuschen aus dem 18. und 19. Jh. aneinander, ein Bild wie aus der Zeit gefallen. In der *Baznīcas*, die vom Rathausplatz nach Norden abzweigt, lohnen die herzogliche Hofapotheke (Nr. 10) und das älteste Holzhaus Kuldīgas (Nr. 8), das prächtige Anwesen eines reichen deutschen Kaufmanns aus dem Jahr 1670, einen Besuch.

Ventas Rumba

Die einen nennen es Stromschnelle, die anderen sagen Wasserfall. Wie auch immer: Über die ganze Flussbreite von etwa 150 m ergießt sich die Venta mit imposantem Rauschen 2 m in die Tiefe. Den schönsten Blick auf die Kaskade hat man von der 1874 erbauten Brücke, einem der längsten Backsteinviadukte Europas (166 m).

MUSEUM

Museum für Heimatkunde und Kunst (Novadpētniecibas muzejs)

Regionalgeschichte, die das Museumsgebäude mit einschließt: Es stand im Jahr 1900 als russischer Pavillon auf der Pariser Weltausstellung. *Di–So 11–17 Uhr, Pils 5, am Wasserfall*

ESSEN & TRINKEN

Namiņš

Große Auswahl an traditionellen lettischen Gerichten. *Kalna 25, Tel. 332 01 46,* €€

Pagrabiņa Plosts
Gemütliche Kellerkneipe, im Sommer sitzt es sich angenehm auf der kleinen Terrasse über dem Fluss. *Pasta 18, Tel. 332 03 85, €€*

Serrata
Die kleine Pizzeria in der Altstadt Kuldīgas ist vor allem bei jungen Leuten beliebt, auch ihrer günstigen Preise wegen. *Liepājas 18, Tel. 332 34 84, €*

ÜBERNACHTEN

Aleksis
Die etwas unscheinbare Pension in der Altstadt bietet schöne, renovierte Zimmer unterschiedlicher Preisklassen. *12 Zi., Pasta 5, Tel./Fax 332 02 88, €€– €€€*

Apvinība Kursa Kemping
Etwa zehn Kilometer nordwestlich von Kuldīga am idyllischen, von Wald umstandenen Nabes-See können Sie campen, ein Holzhäuschen mieten und Kanus ausleihen. *Nabes ezeres, Tel. 332 51 89, €*

Jāna Nams
Gepflegtes familiäres Gästehaus. Im hauseigenen Restaurant werden leckere Fischgerichte serviert. *18 Zi, Liepājas 36, Tel./Fax 332 34 56, €€*

AUSKUNFT

Mo–Fr 9–17, im Sommer auch Sa 9–14 Uhr, Baznīcas iela 5, Tel. 332 22 59, www.kuldiga.lv

ZIELE IN DER UMGEBUNG

Ēdole **[110 B3]**
Schloss Ēdole 15 km westlich von Kuldīga ist ein verwunschener, sagenumwobener Ort, an dem es nachts kräftig spuken soll. Kein Wunder bei sieben Jahrhunderten bewegter Geschichte, in der es auch an Mord und Totschlag nicht mangelte. Gegründet wurde das

MARCO POLO Highlights »Kurzeme«

★ **Historischer Stadtkern**
In Kuldīgas hölzernen Häuserzeilen wohnt die Nostalgie (Seite 44)

★ **Dreifaltigkeitskirche**
Liepāja birgt eine Perle europäischer Orgelbaukunst (Seite 47)

★ **Ordensburg**
In Ventspils kehrt eine Festung des Mittelalters in die Zukunft zurück (Seite 51)

★ **Slītere-Nationalpark**
Wo Kurlands Strand zur Wildnis wird (Seite 53)

★ **Freilichtmuseum der Küstenfischer**
Alles, was ein echter Fischer aus Ventspils braucht (Seite 51)

★ **Kandava**
Das Urstromtal der Abava und die Kurländische Schweiz im Blick (Seite 46)

einzige noch bewohnte Schloss Kurzemes 1265 als Ordensburg. *Besichtigungen tgl. 10–18 Uhr*

Kandava **[111 D3]**
★ Den schönsten Blick über das Urstromtal der Abava und die Hügel der »Kurzemes Šveice«, der Kurländischen Schweiz, haben Sie von Kandava, einem schönen Städtchen zwischen Tukums und Talsi 50 km östlich von Kuldīga. Insider preisen die mal muntere, mal gemächliche Abava als eines der schönsten Paddelreviere Lettlands. Im Urlauberzentrum *Plosti* **[110 C3]** etwas außerhalb an der Straße nach Sabile organisiert man Touren und verleiht Kanus. Es gibt dort auch eine einfache Herberge und einen Campingplatz *(Tel. 313 13 49, www.hotelplosti.lv, €).*

Sabile **[110 C3]**
Insider Tipp
Ein Weinberg hat das Städtchen 40 km östlich von Kuldīga berühmt gemacht: Laut Guinnessbuch der Rekorde ist es der nördlichste der Welt. Wein wird hier schon seit dem Mittelalter angebaut. Die Ernte der tausend Rebstöcke reicht für 150 Flaschen und ein großes Weinfest, das Sabile immer am letzten Juliwochenende feiert. Die idyllische Umgebung am Rand des Abava-Tals ist ein Wanderparadies, in dem man auch ohne Schnee Schlitten fahren kann: auf der 300 m langen Sommerrodelbahn *Zviedru cepure (www.zviedrucepure.lv)*

Usmas-See **[110 C3]**
Der größte und schönste See Kurzemes 35 km nordöstlich Kuldīgas ist ein beliebtes Ausflugsziel mit Badestränden, Campingplätzen und einem Yachthafen. Angler preisen den Fischreichtum. In den tiefen Wäldern ringsum wachsen Beeren und Pilze. Eine der neun Inseln des Sees, die Moritzinsel *(Moricsala)*, steht seit 1912 unter Naturschutz, der Eichenurwald des ältesten Naturreservats Lettlands darf nicht betreten werden. *www.usmas.lv*

LIEPĀJA

[110 A5] Lettlands drittgrößte Stadt (96 000 Ew.) war als sowjetische Marinebasis 45 Jahre lang für Ausländer und Einheimische ohne Passierschein tabu. Erholt hat sich das alte Libau von den Folgen der Abschottung noch nicht, da braucht es mehr als nur frische Farbe. Doch immer mehr der schönen Gründerzeithäuser werden restauriert, die Altstadt putzt sich heraus, und Liepāja sucht seine Zukunft im Anschluss an jene Vergangenheit, als hier 1893 die erste Straßenbahn Lettlands durch die Straßen ratterte. Landesweit berühmt ist Liepāja für sein Theater und seine agile Kulturszene mit legendären Musikfestivals. Auch der Tourismus entdeckt die Hafenstadt wieder. Vor allem des Premiumstrandes wegen, der hier immer vor der Haustür liegt.

SEHENSWERTES

Altstadt (Vecliepāja)
Ihre Lebensader ist die *Lielā iela* (Große Straße), gesäumt von stattlichen Bürgerhäusern in Jugendstil und Neoklassizismus. Viele Fassaden wurden schon restauriert, seit die Stadt aus dem Dornröschenschlaf erwachte. Das spürt man auch in der *Tirgoņu*, Liepājas munterer Fußgängerzone, wo Cafés,

Boutiquen und Kunstgewerbeläden zum Bummeln einladen. In der *Zivju* stehen noch einige mittelalterliche Speicher Libaus, und in der *Kungu iela* blieb das »Peterhäuschen« (Nr. 24) erhalten, in dem einst Zar Peter wohnte.

Annakirche (Sv. Annas baznīca)
So lobten die Meister barocker Schnitzkunst ihren Gott: Nicolaus Soeffrens schuf im 17. Jh. den prachtvoll verzierten Altar mit dem dreistöckigen, zehn Meter hohen Aufsatz. Rauschender Hochbarock in der sonst recht schlichten evangelischen Kirche am *Kuršu laukums* (Kurenplatz), dem historischen Zentrum Liepājas.

Dreifaltigkeitskirche (Sv. Trīsvienības baznīca)
★ Die 1758 von der deutschen Gemeinde erbaute dreischiffige Hallenkirche bringt jeden Besucher mit ihrem prächtigen Sandsteinzierrat und einem Wunder des Orgelbaus zum Schwärmen. Das im Jahr 1855 geschaffene viermanualige Instrument zählt mit seinen 131 Registern und über 7000 Pfeifen zu den größten und bedeutendsten mechanischen Orgeln der Welt. *Lielā iela*

Jūrmala-Park
Auf der Openairbühne *Pūt vējiņi* (»Weh, Windchen«) im Jūrmala-Park weht es im August ganz kräftig – beim *Liepājas Dzintars*, dem ältesten und berühmtesten Rockfestival Lettlands *(Konzerttermine unter www.liepajasdzintars.lv)*. Insider Tipp Der 1870 längs der Küste angelegte weitläufige Strandpark ist mit seinen Schatten spendenden Bäumen und seltenen Gehölzen, der alten Badeanstalt und dem Leuchtturm ein Kleinod der Stadt am Meer.

Kriegshafen (Karosta)
Seinen Schrecken hat der Kriegshafen verloren. Nun dümpelt er als

In weiß-goldener Barockpracht betete einst die deutsche Gemeinde Liepājas

Symbol der Zeitgeschichte vor sich hin, den Stadtteil *Jaunliepāja* mit krassen Kontrasten prägend: Zwischen den Hafenanlagen aus zaristischer Zeit mit seinen Festungsruinen, Offiziersvillen und der orthodoxen Nikolaus-Kirche verrotten die Plattenblocks und Hinterlassenschaften der Sowjetmarine.

Marinegefängnis (Karostas cietums)
Wärtergebrüll, Strafappelle und finstere Zellen, in denen die Luft nach Schimmel riecht: Im ehemaligen Marinegefängnis können Besucher sowjetischen Knastalltag so lebensecht nachempfinden, dass die meisten froh sind, wenn der Spuk nach zwei Stunden vorbei ist. Bei der Entlassung gibt's ein Foto und eine Karteikarte zum Gedenken an einen Ort, der für Tausende zur Hölle auf Erden wurde. Seit 2002 inszeniert das Tourismusbüro die Insider Tipp Show »Hinter Gittern« – Geschichte zum Anfassen am authentischen Ort. Der Bau diente drei Diktaturen. 1905 buchtete der Zar Teilnehmer der Matrosenaufstände ein. Die deutsche Wehrmacht ließ dort Deserteure hinrichten, nach 1945 übernahm der KGB die Schreckensherrschaft. Seit 1997 ist das Gefängnis Gedenkstätte. *Invalidū iela 4, aktuelle Infos und Termine im TIC*

MUSEUM

Museum für Geschichte und Kunst (Vēstures un mākslas muzejs)
Wer sich für das alte Kurland interessiert, kann in dem 1912 gegründeten Museum viele Originaldokumente ansehen. *Mi–So 11–18 Uhr, Kūrmājas pr. 16*

ESSEN & TRINKEN

Pastnieka māja
Liepājas ausgefallenstes Lokal mit herrlich extravaganter Einrichtung. Vorzügliche Küche, abends oft Livemusik. Im Sommer sitzt es sich angenehm im Garten. *Brīvzemnieka 53, Tel. 340 75 21,* €€€

Pie Krustmates Agates
Rustikal-gemütlich. »Bei Tante Agate« wird traditionell lettisch gekocht, und das lecker und preiswert. *Zivju 4/6, Tel. 348 15 55,* €

Sams
Vorzügliche Fischgerichte, dazu passt das originelle Interieur des Lokals. Es gibt auch Pizza und Pasta. *Zivju 7/9, Tel. 348 98 06,* €€

EINKAUFEN

Markt (Petertirgus)
Die alten Markthallen lohnen schon ihres pulsierenden Lebens wegen einen Besuch. Gemüse, Käse, Fisch, Fleisch, Honig – ein Abenteuer für die Sinne. *Kuršu iela, an der Joseph-Kathedrale*

ÜBERNACHTEN

Amrita
Das elegante Hotel am Handelskanal bietet Viersterneluxus und das beste Restaurant der Stadt: Die exzellente Küche im *Oscars* (€€€) wartet mit lettischen und internationalen Gerichten auf. *62 Zi., Rīgas 7/9, Tel. 348 08 80, Fax 348 04 44, www.amrita.lv,* €€€

Feja
Feines Familienhotel in ruhiger Lage unweit des Jūrmala-Parks mit

sehr schönen Zimmern. Das Hotelrestaurant (€€€) zählt zu den nobelsten Lokalen der Stadt. *7 Zi., Kurzemes 9, Tel. 342 26 88, Fax 348 14 47, www.feja.lv, €€*

Līva

In dem aus Sowjetzeiten stammenden Mittelklassehotel wohnen Sie bequem und mitten in der Altstadt, die meisten Zimmer sind renoviert. *88 Zi., Lielā 11, Tel. 342 01 02, Fax 348 02 59, www.liva.lv, €*

AM ABEND

1st Rock Cafe

Lettlands erstes Lokal im Gefolge der legendären Hard-Rock-Cafés. Hinter der geschwungenen Glasfassade dreht sich alles um einheimische und internationale Rockmusik, viele Stars der lettischen Szene stifteten persönliche Sachen für die Einrichtung. Im Sommer rund um die Uhr geöffnet. Gut essen kann man hier auch. *Stendera 18/20, Tel. 342 67 24, www.pablo.lv, €€*

FREIZEIT & SPORT

Minigolf

Im Jūrmala-Park. *Mai–Sept. tgl. 9–20 Uhr*

Radfahren

Die ruhige, flache Umgebung von Liepāja ist wie geschaffen zum Radwandern. *Fahrradverleih: Kungu 20, Tel. 342 44 24*

Windsurfen

Kurzemes Küste mit ihrer steilen Brandung ist das Mekka der lettischen Windsurferszene. Wer Anschluss sucht oder ein Brett ausleihen will: *Surfclub Rietumkrast* (»Westküste«), *Katedrales 15, Tel. 349 94 90*

STRAND

Der Strand von Liepāja gilt als der feinste und weißeste im Baltikum. Nur wenige Minuten zu Fuß vom Stadtzentrum entfernt beginnt das viele Kilometer lange, von Naturdünen und Küstenkiefern gesäumte Badeparadies, über dem die begehrte Blaue Flagge weht: Das Wasser ist hier an der offenen Ostsee noch sauber.

AUSKUNFT

Mo–Fr 9–17, Sa 9–15 Uhr, Lielā 11, im Altstadt-Hotel Līva, Tel./Fax 348 08 08, www.liepaja.lv

ZIELE IN DER UMGEBUNG

Bernāti [110 A5] Insider Tipp

Das alte Fischerdorf, 15 km südlich von Liepāja, markiert Lettlands westlichsten Punkt und hat einen der schönsten Strände Kurzemes, endlos gesäumt von Kiefernwäldern und wildromantischen Naturdünen, die in Richtung Süden immer weiter ansteigen und bei Jūrmalciems fast 40 m Höhe erreichen.

Nīca [110 A6]

Wer modernen Hotelkomfort mit der Stille baltischer Küstennatur verbinden möchte, ist in Nīca, 20 km südlich, richtig. In dem kleinen Dorf an der A 11 in Richtung Klaipeda/Litauen wuchs mit dem *Motel Nīcava (6 Zi., Liepājas raj., Nicas pag., Tel./Fax 348 63 79, www.nicava.lv, €€)* eine touristische Perle, und die nahe Ostsee lockt mit einem herrlichen Sandstrand.

Nicht lieb und nicht putzig: wilde Pferde im Naturschutzgebiet Papes-See

Papes-See **[110 A6]**
Regenbrachvogel, Zwergrohrdommel, Goldregenpfeifer: Schon die Namen der Vogelarten, die am Papes-See 35 km südlich von Liepāja nisten, klingen viel versprechend. Die durch Verlandung entstandene Binnenlagune zählt zu den kostbarsten Ökosystemen Lettlands und den Brennpunkten des eurasischen Vogelzugs. Besucher können das einzigartige Naturschutzgebiet von zwei Beobachtungstürmen aus überblicken.

Mit ein wenig Glück entdecken die Besucher auch einige der Wildpferde, die im Jahr 1999 am Ostufer des Sees angesiedelt wurden, um die charakteristischen Salzwiesen kurz zu halten. Nähern sollten Sie sich dem Wildpferdegehege (Insider Tipp) aber nicht allein, sondern nur in Begleitung eines Führers. *WWF-Infocenter Haus der Natur in Pape, März–Okt. tgl. 10–18 Uhr, Tel. 349 43 35, www.wwf.lv*

VENTSPILS

[110 B2] Als größter Erdölhafen Lettlands und Umschlagplatz für Kalisalz hat sich Ventspils (47 000 Ew.) den wenig schmeichelhaften Ruf einer tristen Industriestadt erworben. Umso mehr überraschen die frischen Farben und der Charme der restaurierten Altstadt. Auch der Strand ist vom Feinsten, für die Wasserqualität spricht die Blaue Flagge. Ventspils verdient gut am russischen Öl und investierte in den letzten Jahren in den Umweltschutz.

SEHENSWERTES

Nikolauskirche (Sv. Nikolas baznīca)
Mit ihrem weißen, klassizistischen Säulenportikus erinnert die schöne evangelische Nikolauskirche an einen kleinen griechischen Tempel. *Baznīcas iela 6*

Ordensburg (Pils)
★ Ventspils heißt übersetzt Burg an der Venta, und einen Besuch der 1290 erbauten Ordensfestung sollten Sie nicht versäumen. Die Burg ist gerade aufwändig restauriert worden und nun wieder stolzes Wahrzeichen der Stadt. Drinnen gibt's ein gemütliches Café sowie ein sehr sehenswertes Museum, in dem eine landesweit einzigartige digitale Ausstellung über die Geschichte des Baltikums informiert. *Di–So 9–18 Uhr, Jāna 17*

Rathausplatz (Rātslaukums)
Vom anmutigen Rathausplatz im Herzen der Altstadt aus liegt alles nahe: der Markt, die Burg und kopfsteingepflasterte Gassen. Die Gründerzeitstanduhr ist ein beliebter Treffpunkt und ideal als Ausgangsort für einen Stadtspaziergang.

Strandpark
Hinter den Dünen südlich vom Yachthafen erstreckt sich der großzügig angelegte Strandpark. Auf dem Podium im Zentrum des Parks finden im Sommer fast jedes Wochenende Veranstaltungen statt – vom Sängerfest bis zum Rockkonzert.

MUSEUM

Freilichtmuseum der Küstenfischer (Ventspils jūras zvejniecības brīvdabas muzejs)
★ Boote und Gerätschaften, Reusen, Netze, Fischerkaten, eine Windmühle und was sonst noch so alles mit dem Leben der lettischen Fischer zu tun hat: Nehmen Sie sich ausgiebig Zeit für diese sehenswerte Ausstellung, es lohnt sich. Von Mai bis September bummelt eine historische Schmalspurbahn über das Gelände des Freilichtmuseums am Strandpark. *Tgl. 11–18 Uhr, Riņķu 2*

ESSEN & TRINKEN

Livonija
Restaurant in der Nähe der Burg mit guter Küche, großen Portionen und schöner Auswahl an Fischgerichten. Zum Lokal gehört auch ei-

Great Courland Bay

Kurland besaß einst sogar eigene Kolonien

In der lettischen Geschichte ging Kurland lange Zeit eigene Wege. Nach der Auflösung des Ordensstaates 1455 unter polnische Lehenshoheit gerutscht, betrieb das nun weltliche Herzogtum Kurland-Semgallen eine ziemlich selbstständige Politik, baute seine Wirtschaftsbeziehungen nach Übersee aus und hatte eine Zeit lang sogar eigene Kolonien: einen Teil Gambias und die Karibikinsel Tobago, auf der noch heute die »Great Courland Bay« an die Blütezeit des baltischen Herzogtums erinnert. Im 18. Jh. war es auch hier mit der Freiheit vorbei. Nach den Polen, Deutschen und Schweden kam schließlich Zar Peter und verleibte Kurland seinem Russischen Reich ein.

ne Nachtbar. *Kuldīgas 13, Tel. 362 22 87,* €€

Upis

Traditionelle lettische Küche in einem restaurierten Altstadtlokal. *Tirgus laukums, Tel. 362 76 44,* €€€

ÜBERNACHTEN

Dzintarjūra

Nicht abschrecken lassen: Hinter der wenig einladenden Fassade erwartet Sie ein renoviertes Mittelklassehotel mit angenehmen, allerdings nicht sehr großen Zimmern und hauseigenem Restaurant (€€). Günstige Lage mitten in der Altstadt. *69 Zi., Ganību 26, Tel./Fax 362 27 19, www.dzintarjura.lv,* €€

Piejūras kempings

Direkt neben dem Strandpark liegt Ventspils neuer und komfortabler Campingplatz, auf dem man zelten, mit dem Wohnmobil parken oder auch eine Hütte mieten kann. *Vasarnķīcu 56, Tel. 362 79 25, Fax 362 79 91, www.camping.ventspils.lv*

Vilnis

Modernes Hotel mit schönen Zimmern, allerdings ziemlich teuer und etwas abseits am rechten Ufer der Venta gelegen. *53 Zi., Talsu 5, Tel. 366 88 80, Fax 366 50 54, www.vilnis.lv,* €€€

AM ABEND

Kurzeme

Tagsüber ein Café mit blauen Wandbildern, in dem man auch gut essen kann. Abends legt im Obergeschoss ein DJ auf. *Jūras 8, Tel. 362 41 80,* €

SPORT & FREIZEIT

Hafenrundfahrt

Im Sommer legt an der Venta etwa alle zwei Stunden ein kleines Fahrgastschiff (ca. 20 Sitzplätze) zur Hafenrundfahrt ab. *Uzavas 8*

Sommerfeste

Ob das Meeresfest mit dem Finale des nationalen Vorentscheids zum European Song Contest, Stadtfest, Blumenteppichfestival oder die Handwerkertage – im Sommer ist in Ventspils an vielen Wochenenden etwas los. Aktuelle Infos bei der Touristenauskunft

Insider Tipp

STRAND

Der Strand von Ventspils ist so weiß und feinsandig wie fast überall an Kurzemes Küsten, und trotz der nahen Industrieanlagen ist auch das Wasser sehr sauber.

AUSKUNFT

Mai–Sept. Mo–Fr 8–19, Sa 9–17, So 9–15 Uhr, Okt.–April Mo–Fr 8–17, Sa/So 10–15 Uhr. Tirgus iela 7, Tel. 362 22 63, Fax 360 76 65, Exkursionsbüro im alten Rathaus, Annas iela 13, Tel. 362 47 77, www.tourism.ventspils.lv

ZIELE IN DER UMGEBUNG

Livendörfer **[110 B–C 1–2]**

An der einsamen Küste zwischen Ventspils und Kolkasrags leben in sechs ethnografisch geschützten Fischerdörfern die letzten Nachfahren der Liven, der kleinsten ethnischen Minderheit Lettlands. Kulturelles Zentrum ist Mazirbe **[110 C1]**, 60 km nordöstlich von

Ventspils. Dort wird alljährlich, immer am ersten Sonnabend im August, das livische Volksfest gefeiert. Dann wehen überall die Nationalfarben Grün-Weiß-Blau, und man kann die schönen Trachten der Liven bewundern.

Insider Tipp

Radioteleskop Irbene **[110 B1]**
Zu Sowjetzeiten gehörten die riesigen Radioteleskope von Irbene, 35 km nordöstlich, zu den bestgehüteten Geheimnissen Kurlands. Die beiden Megaschüsseln, eine ist mit 32 m Durchmesser das achtgrößte Teleskop der Welt, sind immer noch in Betrieb. Sie dienen nun der Wissenschaft und können nach Voranmeldung besichtigt werden. Irbene liegt an der P 124 von Ventspils in Richtung Kap Kolka. *Mo–Fr 9–15 Uhr, Tel. 368 15 41*

Slītere-Nationalpark **[110 C1]**
★ Unter Naturschutz steht die Nordspitze Kurzemes um das raue Kap Kolkas schon seit 1921, doch erst in der langen Isolation als Militärsperrgebiet entwickelte sich hier ein einzigartiger Küstenurwald, der nun den Kern des Slītere-Nationalparks bildet.

Wölfe und Luchse leben hier, in den alten Kiefern horsten Seeadler. Einige Teile des 160 km^2 großen Reservats dürfen ausschließlich in Begleitung eines Führers betreten werden. Erdgeschichtliche Besonderheiten des Parks sind seine Dünenketten *(kangari)* und die bis zu 50 m hohen Blauen Berge *(Zilie kalni)*, die die Uferlinie des Baltischen Eissees, sozusagen der Ur-Ostsee, markieren. Am Kolkasrags sind zudem noch die Reste eines alten Leuchtturms zu sehen. »Strand der zwei Meere« nennen die Einheimischen die einsame Spitze, an der Ostsee und Rīgaer Bucht zusammenstoßen. *Nationalparkzentrum Dundaga tgl. 10–18 Uhr, www.slitere.gov.lv*

Profitiert von seiner Vergangenheit als Sperrgebiet: der Slītere-Nationalpark

Im Land der blauen Seen

Lettlands Südosten birgt eine bezaubernde Wasserlandschaft – doch vom Tourismus ist Latgale noch fast gänzlich unberührt

Lettlands Südosten liegt weit abseits touristischer Trampelpfade. Je weiter man in die geschichtsträchtige Provinz Latgale (früher *Lettgallen*) vordringt, desto einsamer wird das Land. Doch die Reise lohnt. Hinter Daugavpils und Rēzekne liegen einmalige Naturlandschaften: die Seenplatte, von Rīga bis Ventspils als das »Land der blauen Seen« berühmt. Zwischen den sanften Hügeln des Lettgaller Hochlandes reiht sich ein See an den anderen, gesäumt von Schilfgürteln, Mischwäldern und Wiesen. Ein Paradies für Wanderer, Kanufahrer, Angler und Menschen, die sich in der Natur gern eigene Wege suchen. Von den wenigen Städten abgesehen, ist die an Litauen, Russland und Weißrussland grenzende Region nur dünn besiedelt. In den winzigen Kleinbauerndörfern gehören Traditionen und alte Bräuche bis heute ebenso zur Alltagskultur wie Pferdefuhrwerke und fromme Volksgläubigkeit. Die meisten Menschen in Latgale sind streng katholisch. Das hat auch historische Gründe: Über 200 Jahre gehörte die Provinz zu Polen.

Lettlands bescheidenes Pendant zum Petersdom: die Basilika von Aglona

DAUGAVPILS

[114 C4–5] So viele Namen Daugavpils in seiner Geschichte trug, so wechselvoll war auch sein Schicksal: Für die deutschen Ordensritter, die die Stadt 1225 gründeten, hieß sie Dünaburg, die Polen nannten sie Dvinsk, unter den Zaren, die Lettgallen ab 1772 ihrem Reich einverleibten, wurde Borisoglebsk daraus. Umkämpft war Daugavpils im Wirbel der Machtwechsel viele Male, der Zweite Weltkrieg hinterließ eine fast vollständige Zerstörung. Das sieht man ihm an: Sowjetische Wohnblocks prägen Lettlands zweitgrößte Stadt (130 000 Ew.), die Moskau nach 1945 zum Industriezentrum ausbaute und in der es so viele Fremdarbeiter ansiedelte, dass heute sieben von zehn Einwohnern Russen sind. Auch durch die breiten, schachbrettartig angelegten Straßenzüge der vom Klassizismus des frühen 19. Jhs. geprägten Altstadt wirkt Daugavpils sehr russisch. Touristisch hat die Stadt wenig zu bieten. Doch wen nicht nur die Hochglanzseiten des Landes interessieren, der wird in dem Mix aus lettischer Gegenwart und russisch-sowjetischer Geschichte jene Spannung spüren, die auch die Menschen umtreibt. Nicht zuletzt bietet sich Daugavpils an für Ausflüge in die malerische Umgebung.

SEHENSWERTES

★ Festung (Pils)

Die Festung Daugavpils, einige Kilometer nordwestlich vom Stadtzentrum am rechten Ufer der Daugava gelegen, ist eine Bastion der Zarenzeit, zwischen 1810 und 1850 von Petersburger Festungsingenieuren auf den Trümmern von Vorgängerburgen hochgezogen: ein trapezförmiger Komplex aus acht Forts, einer Zitadelle, Außen- und Innenwall sowie einem Brückenkopf am anderen Flussufer. Teile der Anlage können besichtigt werden. *Mo–Fr 9–17 Uhr*

Kirchenquartett

Gleich vier Kirchen stehen am östlichen Rand des Stadtzentrums beieinander. Besonders die 1905 erbaute *Boris-und-Gleb-Kathedrale* an der *18. novembra iela* lohnt einen Besuch: Mit ihren türkisfarben schimmernden Kuppeln ist sie die wohl schönste russisch-orthodoxe Kirche in Lettgallen. Daneben wirken die im selben Jahr geweihte katholische *Marienkirche* und die neobarocke *Martin-Luther-Kirche* geradezu schlicht. Eine Straße weiter nördlich versteckt sich in der *Tautās iela* ein Juwel christlicher Vielvölkergeschichte von Daugavpils: die *Kirche der Altgläubigen.* Das Gotteshaus dieser im zaristischen Russland einst erbittert verfolgten orthodoxen Gemeinschaft birgt eine Sammlung von 300 kostbaren alten Ikonen, deren Anblick auch nichtgläubige Besucher tief beeindruckt. Die Heiligen, von knisternden Kerzen beleuchtet, scheinen aus einer anderen Welt herüberzublicken.

Insider Tipp

Stadtzentrum (Centra)

Verlaufen werden Sie sich in der Altstadt von Daugavpils kaum, denn die Straßen wurden nach altrussischer Tradition im Schachbrettmuster angelegt. Markantester Orientierungspunkt ist die Kuppel der *St.-Peter-und-Pauls-Kirche* in der *Rīgas iela.* Nur knapp entging der klassizistische Bau in der Sow-jetzeit dem Abriss. Unweit davon, an der Ecke *Lāèplēša/Cietokšņa iela*, blieb die alte Synagoge erhalten. Einige restaurierte Alt-Dünaburger Häuser stehen in der *Saules iela*, die parallel zur *Rīgas* verläuft.

MUSEUM

Heimatmuseum (Daugavpils muzejs)

Anschaulich informiert die Ausstellung über die Wechselbäder in der Geschichte Latgales und der vielfach umkämpften alten Handelsstadt an der Düna. Außerdem ist zeitgenössische Kunst einheimischer Maler und Bildhauer zu sehen. *Mi–So 11–17 Uhr, Rīgas 8*

ESSEN & TRINKEN

Gubernators

Nettes Restaurant mit traditioneller lettischer Küche. *Lāčplēša 10, Tel. 542 24 55,* €€

Mziuri

Plow, Schaschliks und andere georgische und kaukasische Spezialitäten in einem gemütlichen Kellerlokal, dazu selbst gebrautes Latgaler Bier. *Mihoelsa 60, Tel. 547 08 07,* €€€

Vecais draugs
Tagsüber Café, in dem man auch preiswert und gut essen kann. Abends Bar, oft Livemusik. *Rīgas 20, Tel. 42 59 94,* €– €€

ÜBERNACHTEN

Park Hotel Latgola
Das ehemalige Intourist-Hotel ist von außen und innen komplett renoviert worden. Zimmer und Apartments von schlicht bis luxuriös. Günstig ist die Lage im Stadtzentrum. *118 Zi., Ķimnāzijas 46, Tel. 540 49 00, Fax 542 90 32, www.hoteldaugavpils.lv,* €€

Stalkers
Das Motel liegt zwar etwas außerhalb im Dorf Viski nordöstlich von Daugavpils, doch es wird freundlich und familiär geführt. Es gibt eine Sauna, ein eigenes Restaurant und die herrliche Umgebung. *28 Zi., Catlaksi 6, Višķu pag., Daugavpils raj., Tel. 547 92 21,* €

Villa Ksenija
Kleines, elegantes Gästehaus im Zentrum der Stadt. Die toprenovierten Zimmer sind komfortabel eingerichtet, die Luxussuite hat einen separaten Eingang. *8 Zi., Varšavas 17, Tel. 543 43 17, www.villaks.lv,* €€€

FREIZEIT & SPORT

Eishockeyhalle (Ledus hokija halle)
Eishockey ist Nationalsport und Daugavpils die lettische Hochburg. Einige Lokalstars schafften den internationalen Durchbruch und halfen bei der Finanzierung der Halle. Bei den Matches sind Sie als Zuschauer willkommen. Mancher ist dabei Fan geworden, denn die Begeisterung steckt an. Den aktuellen Spielplan gibt's im TIC oder im Café *Hokejs*, in dem sich alles um das Spiel mit dem Puck dreht. *Stacijas 45, Tel. 542 53 18*

AUSKUNFT

Stadtführungen, Vermittlung von Unterkünften auch auf dem Land

MARCO POLO Highlights »Latgale«

★ **Festung**
Die Zarenfaust am Hang der Düna in Daugavpils (Seite 56)

★ **Basilika von Aglona**
Das Altarbild der Muttergottes wirkt angeblich Wunder (Seite 58)

★ **Daugava-Schleifen**
Romantische Blicke in Lettlands graue Vorzeit (Seite 58)

★ **Teiči-Reservat**
In Lettlands größtem Hochmoor kreisen Steinadler über Orchideenwiesen (Seite 61)

sowie aktuelle Campinginfos. *Mo bis Fr 10–18 Uhr, Rīgas 22 a, Tel. 542 28 18, Fax 543 29 16, www.daugavpils.lv*

ZIELE IN DER UMGEBUNG

Basilika von Aglona **[115 D4]**

★ Aglona ist Lettlands Rom. In dem Dorf 42 km nordöstlich von Daugavpils steht das 1699 gegründete Dominikanerkloster mit seiner berühmten Kirche, einem Traum von einer Basilika: zwei 60 m hohe, mehrstufige Türme rahmen die blendend weiße Fassade ein, drinnen zerfließt die barocke Pracht in spielerischem Rokoko. Über dem zweistufigen Hauptaltar hängt das Heiligtum der Basilika: das Bildnis der Muttergottes von Aglona. Die Ikone soll Wunder wirken. Ihretwegen pilgern Jahr für Jahr Zehntausende Katholiken aus ganz Osteuropa nach Aglona, 1993 hielt Papst Johannes Paul II. hier eine Messe. Jährlicher Höhepunkt der Wallfahrten ist Mariä Himmelfahrt am 15. August.

Daugava-Schleifen (Daugavas loki) **[114–115 C–D4]**

★ Neunmal wechselt die Daugava auf dem 25 km langen Abschnitt zwischen Daugavpils und Krāslava die Richtung und wird dabei zum geologischen Freilichtmuseum mit Felshängen und steilen Böschungen. Das Urstromtal ist erdgeschichtlich der älteste Teil Lettlands: Gemessen am Alter des vor 350 Mio. Jahren gewachsenen Sandsteins an den Ufern ist die letzte Eiszeit, deren schmelzende Gletscher das Tal ausspülten, erst ein paar Sekunden her.

Mehrere Lehrpfade und schöne Aussichtspunkte auf alten Burg-

Ton, Töpfe und Talente

Latgale ist die Heimat der traditionellen lettischen Keramik

Lettlands Südosten ist berühmt für seine Keramik. In vielen Dörfern der Seenplatte leben Töpferfamilien, die traditionelle Formen und uralte Brenntechniken pflegen. Ein Besuch der freundlichen Kunsthandwerker in ihren Ateliers lohnt sich. Jede Werkstatt hat ihre speziellen Eigenheiten, einige Keramiker orientieren ihre Gefäße z. B. an den archäologischen Funden vorchristlicher Latgale-Kulturen. In vielen Ateliers können Sie sogar Ihr Töpfertalent selbst erproben. Natürlich ist die Tonkunst auch käuflich – und meist viel erschwinglicher als in den überteuerten Souvenirläden der Touristenzentren. Hochburgen der latgalischen Keramik sind die Dörfer *Preiļi* **[114–115 C–D3]** und *Jasmuiža* **[114 C3]** nördlich von Daugavpils. Lohnend ist ein Besuch der Töpferfamilie Uspelis in *Greiskani* **[115 E2]** bei Rēzekne. Beliebt ist diese Werkstatt für ihre Teufelchenfiguren. Voranmeldung wird empfohlen *(Tel. 469 33 33/engl.)*.

Zehntausende osteuropäische Katholiken pilgern Jahr für Jahr nach Aglona

hügeln längs des mäandrierenden Flusses erschließen den 120 km² großen, waldreichen Naturpark. Am eindrucksvollsten erleben Sie die Daugava-Schleifen, von denen jede einen eigenen Namen trägt, auf einer Bootstour. *Info: TIC Krāslava, Mo–Fr 8–17 Uhr, Brīvības 13, Tel./Fax 562 40 74, www.kraslava.lv*

Insider Tipp

Sauleskalns [115 D4]

Insider Tipp

211 m ragt der in ganz Lettland bekannte Hügel Sauleskalns aus der Landschaft 30 km nordöstlich von Daugavpils. Den heidnischen Lettgallern war der Hügel heilig, auf die vorchristliche Kultstätte deutet noch der Name hin: Sauleskalns heißt Sonnenberg. Der Panoramablick in das weite, sanftwellige Land ist wunderbar, bei schönem Wetter sieht man mehr als 30 Seen, darunter den *Drīdzis*, Lettlands tiefsten See mit tiefblauem, glasklarem Wasser und in der Ferne den großen *Ežezers* bei Dagda mit seinen 69 Inseln. Wer in diesem romantischen Seenpark nördlich von Krāslava länger bleiben möchte, dem bleibt nur das Campen; die Jugendherberge Sauleskalns steht derzeit leer.

RĒZEKNE

[115 E2] Rēzekne ist die Hauptstadt Latgales und eine der ältesten Städte Lettlands. Auf tausend Jahre Geschichte kann das alte Rossitten verweisen: Schon im 9. Jh., lange bevor deutsche Ordensritter aufkreuzten (1275) und sich Polen, Schweden und Russen um die Herrschaft an diesem strategisch günstigen Ort schlugen, siedelten hier livische Stämme. Ihr Alter sieht man der Stadt nicht mehr an: Wie Daugavpils lag auch Rēzekne am Ende des Zweiten Weltkrieges in Trümmern und war dem Wiederaufbau nach Sowjetmanier schutzlos ausgeliefert.

SEHENSWERTES

Burgruine (Pils kalns)
Nur ein paar Mauern blieben von der einst mächtigsten Ordensburg Latgales. Sie widerstand vielen Angriffen und überlebte letztlich auch den Orden selbst. Zerstört wurde sie erst im 17. Jh. bei der Einnahme der Stadt durch die Schweden. Vom Schlossberg aus haben Sie einen schönen Blick über die Stadt.

Befreiungsdenkmal (Latgales Mara)
Im Stadtzentrum, dort, wo die Hauptstraße *(Atbrīvošanas aleja)* in einen ovalen Platz mündet, steht eines der Wahrzeichen Rēzeknes aus neuerer Zeit: das Denkmal für die Befreiung Latgales. Das Original wurde 1939 enthüllt, nach dem Einmarsch der Roten Armee ließen die Sowjets es schleifen. Seit 1991 steht »Latgales Mara« nun wieder auf ihrem Platz.

ESSEN & TRINKEN

Italy
Pizza und Pasta in einem kleinen italienischen Restaurant über dem Kino, beliebter Treff junger Leute. *Revis 97, Tel. 461 59 55,* **€**

Randevu
Beliebtes Lokal im Stadtzentrum, Küche traditionell lettisch, im Sommer auch Tische draußen. Angenehm. *Atbrīvošanas aleja 132, Tel. 462 28 64,* **€€**

ÜBERNACHTEN

Latgale
Das große Hotel stammt noch aus der Sowjetzeit, die meisten Zimmer sind aber renoviert, komfortabel

Einer von angeblich tausend Seen in Latgale. Zählen Sie doch mal nach!

Schwitzen und ab in den See

Pirts oder das Geheimnis lettischer Jugendlichkeit

Die Finnen schwören auf ihre Sauna, die Russen schwitzen gern in der Banja, und die Letten haben ihren *pirts*. Das mit Holz beheizte »Badehäuschen« gehört zu einem lettischen Bauernhof wie der Dampf zu kochendem Wasser, denn das traditionelle Schwitzbad erfreut sich in Lettland ebenso großer Beliebtheit wie bei den Nachbarn im Norden und Osten. Nach der Schwitzkur bei etwa 60 Grad lässt man sich von einem pirts-Genossen mit einem Strauß Birkenreisig sanft durchpeitschen. Das bringt die Durchblutung ordentlich auf Trab. Danach geht's mit einem mutigen Satz in den benachbarten See, Fluss oder in den Schnee, je nach Jahreszeit. Eine Stunde im pirts soll um Jahre jünger machen.

und sauber. *137 Zi., Atbrīvošanas aleja 98, Tel./Fax 462 21 80,* €€

FREIZEIT & SPORT

Insider Tipp **Reiterhof Untumi**
12 km östlich von Rēzekne an der Straße nach Jēkapils, ist ausgeschildert (Richtung Spudžāni). Auf dem Hof werden Privatquartiere vermittelt und viele nützliche Informationen über die Region gegeben. Außerdem können Sie hier Ausritte und Reitstunden buchen oder an Reitkursen verschiedener Schwierigkeitsstufen teilnehmen. *Tel./Fax 463 12 55, www.untumi.lv*

ZIELE IN DER UMGEBUNG

Ludza **[115 E2]**
In dem idyllisch zwischen zwei Seen gelegenen Städtchen 26 km östlich von Rēzekne steht eine schöne orthodoxe Kirche, 1843 nach dem Vorbild der St. Petersburger Andrej-Kathedrale erbaut. Einen Besuch wert ist das Heimatmuseum: Neben mittelalterlichen Trachten und traditioneller Keramik zeigt es in einer Freilichtausstellung landestypische Holzhäuser, eine Windmühle und eine Latgaler Töpferwerkstatt. *Tgl. 9–17 Uhr, Kuiņeva 2, www.ludza.lv* Insider Tipp

Teiči-Reservat **[114 C2]**
★ Um Lettlands größtes Hochmoor 14 km westlich von Rēzekne an der Straße nach Jēkabpils ranken sich uralte Mythen. Ob tatsächlich dunkle Geister seine Sumpfwälder bevölkern – glauben Sie es oder nicht. Bewiesen ist: Sagenhaft seltene Pflanzen und Tiere leben hier, riesige Steinadler etwa, Fischotter und Wölfe. In den Sumpfwiesen blühen wilde Orchideen, und Wissenschaftler haben einige Schmetterlinge entdeckt, die hier die Eiszeit überlebten. Infozentrum und Gästehaus: *Mo–Sa 8.30–17 Uhr, Aivikstes 3, Ļaudona, Tel. 484 82 91, www.teici.gov.lv*

Burgen, Felsen, Urstromtal

Die Gauja, Lettlands schönster Fluss, muss in Vidzeme durch einen tiefen Stein

Die große Provinz nördlich der Daugava wird vielen besser unter ihrem historischen Namen bekannt sein: Vidzeme ist das einstige Livland. Das freilich viel größer war und bis weit hinein nach Estland reichte. Beide Republiken teilten es bei ihrer Gründung 1918 untereinander auf, weil das heidnische Stammland nach sieben Jahrhunderten deutscher, polnischer, schwedischer und russischer Herrschaft ohnehin nicht mehr existierte. Einen Vidzemer erkennt jeder Lette gleich – am eigenartigen Dialekt, in dem das alte Livisch nachklingt. Vidzeme birgt die beliebteste Ausflugslandschaft Lettlands: das Tal der Gauja mit seinen roten Sandsteingrotten, den Burgen Sigulda, Turaida und Krimulda und dem Mittelalterstädtchen Cēsis. Auch Strände hat Livland zu bieten, hundert Kilometer Küsteneinsamkeit bis hoch an die estnische Grenze.

Vidzemes Plus: blühende Landschaft

ALŪKSNE

[113 E3] Abseits allen Massentourismus im Nordostzipfel Lettlands gelegen, bietet sich die Kleinstadt (10 000 Ew.) vor allem an für Ausflüge in die sanfte Hügellandschaft der Vidzeme-Hochebene. Doch auch Alūksne selbst lohnt einen ausgiebigen Spaziergang, auf dem es zwischen griechischen Pavillons und zwei »glücklichen« Eichen manches zu entdecken gibt.

Sind die dick, Mann! Findling auf Findling türmt sich am Steinstrand

SEHENSWERTES

Alūksne-See (Alūksnes ezers)
Wie eine tiefblaue Lagune schmiegt sich der Alūksne-See um die Stadt. Eine Brücke führt hinüber auf die zehn Hektar große Burginsel, auf der die Reste der 1324 geweihten Marienburg des Livländischen Ordens an den alten Namen der Stadt und ihre umkämpfte Geschichte erinnern. Am Westufer der Insel können Sie Boote ausleihen, der

Insider Tipp

16 km^2 große See ist ein beliebtes Wassersportrevier.

Evangelische Kirche (Baznīca)
Die lutherische Kirche mit dem 55 m hohen Turm zählt zu den schönsten klassizistischen Sakralbauten Lettlands. Erbaut wurde Alūksnes Wahrzeichen 1781–88 nach Plänen des Rīgaer Architekten Christoph Haberlandt.

Stadtpark
Graf von Vietinghoff, der den Park um 1790 anlegen ließ, war ein großer Verehrer der griechischen Mythologie. Man sieht's: Hellenistisch geprägte Baukunst wie der Alexanderpavillon und der Äolstempel zieren die Anlage längs der *Pils iela*. Auch das 1831 erbaute Mausoleum der Familie Vietinghoff, ein runder Kuppelbau auf einem Granitsockel, blieb erhalten. Das Innere wurde in der Sowjetzeit allerdings verwüstet, die filigranen Stuckverzierungen der Wände sind großenteils zerstört.

Tempelberg (Templakalns)
Seinen Namen hat der 35 m hohe Hügel auf der Halbinsel im Alūksne-See von dem Granittempel, der seit 1807 auf ihm thront – eine von fünf Säulen getragene Rotunde in Gedenken an den Nordischen Krieg. Das Schönste am Tempel ist der herrliche Blick auf den See. An die lettgallische Wehrburg, die hier vor tausend Jahren gut gesichert auf der Halbinsel lag, erinnert nur noch ein Wallgraben.

MUSEUM

Bibelmuseum (Biblis muzejs)
Im 17. Jh. übersetzte der deutsche Pastor Ernst Glück in Alūksne die Bibel ins Lettische. Als er damit fertig war, pflanzte er vor dem Pfarrhaus zwei große (Glücks-)Eichen; sie stehen noch heute. Die Stadt widmete dem gebürtigen Sachsen ein Bibelmuseum, in dem die Heilige Schrift in vielen seltenen Ausgaben zu bewundern ist. *Mi–Sa 12 bis 15 Uhr, Pils 25*

ESSEN & TRINKEN

Pajumte
Beliebtes Altstadtrestaurant mit Fachwerkambiente, leckere lettische Küche. *Rīgas 68, Tel. 432 31 60, €€*

ÜBERNACHTEN

Arāji
Das familienfreundliche Reiterhofhotel in Jaunanna, 15 km südlich von Alūksne, bietet guten Service vom Kinderspielplatz bis zum Fahrradverleih. *17 Zi., Jaunanna, Tel. 430 70 99, Fax 430 70 88, www.hotel-araji.com, €*

ZIEL IN DER UMGEBUNG

Gulbene **[113 E3]**
Wer sich für historische Parks begeistert, findet in Gulbene, 45 km südwestlich von Alūksne, zwei interessante, leider etwas verwilderte Anlagen: Emze und Spārite, französische Landschaftsgärten mit künstlichen Kanälen, Teichen und exotischen Bäumen.

CĒSIS

[112 B3] ★ Ringgassen, Kaufmannshäuser, gotische Giebel und über allem eine trutzige Ordensburg, die am besten erhaltene im Baltikum: Cēsis (20 000 Ew.), das »Herz der Vidzeme«, zählt nicht nur zu den ältesten, sondern auch zu Lettlands schönsten Städten. Vieles sieht noch oder wieder so aus wie im 15. Jh., als das einstige Wenden als Hansestadt zu Wohlstand aufstieg und neben Rīga die einzige lettische Stadt war, die eigene Münzen prägen durfte. 800 Jahre Geschichte hat Cēsis den Urkunden nach auf dem Buckel. Schon viel früher freilich bauten die wendischen Heiden hier eine Burg. Doch wer auch immer als Erster an diesen Ort kam, Wenden, Liven oder Ritter – heute kommen vor allem Touristen. Cēsis, im Herzen des Gauja-Nationalparks gelegen, avanciert im Sommer zum nationalen Ausflugsziel.

SEHENSWERTES

Johanniskirche (Sv. Jāņa baznīca)

Lettlands größte gotische Kirche außerhalb Rīgas entstand 1282 bis 1297 als Hauptkirche der Schwertbrüder in der ordenstypischen Schlichtheit. Mehrere Ordensmeister sind hier begraben, so Wolter von Plettenberg (1535). Sehens- und hörenswert ist die 1906 gebaute Orgel, zu den klangreinsten des Landes zählend und wie die Rīgaer Domorgel ein Werk des Ludwigsburger Orgelbauers Eberhard Friedrich Walcker. An der Südwand rechts neben dem Portal teilt seit 1744 eine Sonnenuhr die Ewigkeit in irdisches Zeitmaß. Die älteste Uhr der Stadt geht bis heute auf die Minute genau – bei schönem Wetter. *Torņa 2*

Neues Schloss (Jaunā pils)

Auf den Mauern der östlichen Vorburg ließ die Grafenfamilie von Sivers 1778 ihren Wohnsitz gründen – bis heute »Neues Schloss« genannt. Unterhalb des Herrensitzes führt eine Tuffsteintreppe in den Schlosspark, eine 1822 zwischen Burg und See komponierte Anlage mit Spazierwegen, Skulpturen und alten Linden, aus deren Mitte der Nussberg *(Riekstu kalns)* ragt: Hier stand im 11. Jh. die wendische

MARCO POLO Highlights »Vidzeme«

★ **Cēsis**
Wo die Braukunst uralt und das Mittelalter manchmal noch sehr lebendig ist (Seite 64)

★ **Gauja-Nationalpark**
Adlerklippen, Sandbänke und ein bizarres Urstromtal (Seite 67)

★ **Sigulda**
Standesgemäße Residenzen: dem Bischof die Burg, für den Teufel die Höhle (Seite 68)

★ **Vidzemes Steinstrand**
Gigantische Überreste der Eiszeit: Tausende Findlinge belagern die Küste (Seite 69)

Cēsis' Burg galt als uneinnehmbar, bis Iwan der Schreckliche kam ...

Holzburg. Rechts am See liegt die Freilichtbühne, auf der jeden Sommer ein großes Tanzfestival veranstaltet wird.

Ordensburg (Mūra pils)
Cēsis' Wahrzeichen trägt die Narben einer bewegten Geschichte. Erbaut zwischen 1209 und 1224 von den Rittern des Schwertbrüderordens, galt das massive Konventshaus mit seinen drei Ecktürmen und Vorburgen bis in das 16. Jh. hinein als uneinnehmbar. Erst Iwan der Schreckliche legte es 1577 in Schutt und Asche, doch selbst noch die Ruine wirkt wuchtig wehrhaft. Gut erhalten ist der Westturm, in dem einst der Ordensmeister wohnte – in einem Saal unter gotischen Sterngewölben hinter vier Meter dicken Mauern.

Einmal im Jahr erwacht auf der Burg die Vergangenheit zum Leben: Insider Tipp während des Mittelalterfestivals im August.

MUSEUM

Geschichtsmuseum (Cēsu vēstures muzejs)
In einem Flügel des Neuen Schlosses spannt das Stadtmuseum einen Bogen über 800 Jahre Geschichte des 1206 erstmals erwähnten Ortes bis in seine vorchristliche Historie hinab. *Di–So 10–17 Uhr, Pils lauk.*

ESSEN & TRINKEN

Alexis
Der Koch des feinen Hotelrestaurants versteht sich sowohl auf lettische als auch auf internationale Spezialitäten. Zum Restaurant gehört das beliebte Kellercafé *Popular* (€), in dem es sich ebenfalls gut isst. *Vienības 1, Tel. 412 00 28,* €€€

Maks un Morics
Peppiges Altstadtlokal, halb Café, halb Kneipe. Hier trifft man sich

bei braufrischem *Cēsu-Bier. Rīgas 43, Tel. 412 43 67,* €.

EINKAUFEN

Schmuckschmiede (Seno rotu kalve)
Ein Silberschmied fertigt filigranen Schmuck, auch auf Wunsch, und lässt sich bei der Arbeit zuschauen. *Di–So 10–18 Uhr, am Schlosspark, www.kalve.times.lv*

ÜBERNACHTEN

Cēsis
Das beste Hotel der Stadt mit komfortablen Zimmern, nah am Schloss. Zum Service des dänisch-lettischen Hauses gehört auch ein Fahrradverleih. *41 Zi., Vienības 1, Tel. 412 01 22, Fax 412 01 21, www.danlat-group.lv,* €€€

Katrīna
Kleines, frisch renoviertes Hotel am Rand der Altstadt zwischen historischen Holzhäusern. Die acht Zimmer sind geschmackvoll und modern eingerichtet, alle mit Internetzugang. Das Hotel bietet auch verschiedene Ausflüge in den Nationalpark an. *Mazā Katrīnas 8, Tel. 410 77 00 Fax 410 77 01, www.hotelkatrina.lv,* €€

Tigra
Das etwa drei Kilometer außerhalb der Stadt liegende Hotel hat eine komplette Verwandlung vom einstigen Ferienheim zu einem komfortablen Mittelklassehotel hinter sich, vom spröden Sowjetcharme ist nichts mehr zu spüren. Zum Haus gehören Sauna, Pool und das stilvoll eingerichtete Café *Eifrata. 50 Zi., Veidenbauma 2, Priekuli, Tel. 412 77 22 Fax 412 77 20, www.tigrahotel.lv,* €€

FREIZEIT & SPORT

Active Tourism Centre Eži
Das Tourismus- und Sportzentrum Eži verleiht Fahrräder, Kanus, Zelte und gibt individuelle Tourentipps. Empfehlenswerte, sehr informative Website. *Lenču 7a, Tel. 410 72 63, www.ezi.lv*

Brauerei (Cēsu alus darītava) Insider Tipp
Lettland ist Bierland und Cēsis seine Hauptstadt. Freunde des Gerstensaftes sollten einen Besuch der Cēsu-Brauerei nicht versäumen: 1590 gegründet, ist sie das älteste Brauhaus im Baltikum. Probieren Sie selbst! Übrigens: Jeweils am letzten Juliwochenende feiert Cēsis Bierfest. *Mo–Fr 10–17 Uhr, Lenču 9–11*

AUSKUNFT

Tgl. 9–17 Uhr, Mai–Sept. 9–18 Uhr, Pils lauk. 1, Tel. 412 18 15, Fax 410 77 77, www.cesis.lv

ZIELE IN DER UMGEBUNG

Gauja-Nationalpark **[112 B3]**
★ Rings um Cēsis erstreckt sich die grandiose Landschaft des Gauja-Urstromtals, das in Teilen schon seit 1922 unter Schutz steht. Es gibt zahllose Wanderwege und spezielle Lehrpfade, die sich zu großen und kleinen Touren kombinieren lassen. Einige Areale des Parks stehen unter strengem Schutz und sind nicht zugänglich. Reizvolle Ausflugsziele sind die roten Sandsteinfelsen wie die Adlerklippen *(Ērgļu klints)* und das steile Massiv der Teufelsferse

(Sietiņ iezis) nordwestlich von Cēsis. Auf ihrem Weg durch die bis zu 85 m tiefe Schlucht sammelt die Gauja das Wasser von 13 Nebenflüssen und strömt an bizarren Grotten, Höhlen und Sandbänken vorbei. Bei Līgatne, ca. 22 km von Cēsis entfernt, bietet sich von einem Aussichtsturm ein traumhafter Blick über die Waldlandschaft des mit 917 km^2 größten Nationalparks im Baltikum. Detaillierte Infos, Tourenangebote von der Kutschfahrt bis zur Insider Tipp Gauja-Raftingtour und Karten gibt's im Nationalpark-Besucherzentrum Sigulda *(tgl. 10–18 Uhr, Baznīcas 3, Tel. 797 13 45, www.gnp.lv)*.

Tief hinunter geht's zur Gauja

Sigulda **[112 A4]**

★ Die malerische Kleinstadt 30 km südwestlich von Cēsis ist das touristische Zentrum des Nationalparks. Das Tal der Gauja ist hier besonders tief eingeschnitten, und an den Ufern spülte der Fluss die drei schönsten und größten Höhlen Lettlands aus: die Große Teufelshöhle *(Lielā Velnala)*, die Viktorhöhle *(Viktorala)* und die legendenumwobene Gutmans Höhle *(Gūtmaņa ala)*. Landesweit berühmt ist die Burgenstadt Sigulda wegen ihrer beiden historischen Konkurrenten auf der anderen Seite der Talschlucht: Turaida und Krimulda. Die Bischofsburg Turaida thronte seit 1213 mit fünf massiven Wehrtürmen hoch über der Gauja, bis sie im Nordischen Krieg zerstört wurde und verfiel. 1953 begann man, sie detailgetreu zu restaurieren, ein großer Teil ist bereits fertig. Steigen Sie auf den 30 m hohen Burgfried, ein atemberaubendes Panorama belohnt Sie! Zwei Kilometer südlich ragt hinter der Burgruine Krimulda das Schloss der Fürsten von Lieven auf.

VIDZEMES JŪRMALA

[111 F1–3] Hundert Kilometer zieht sich »Livlands Strand« von der Daugava-Mündung bis an die estnische Grenze hin, ein kaum besiedelter Küstenstreifen mit wildromantischen Stränden, rauen Kliffs und Salzwiesen. Obwohl die *Via Baltica* von Rīga nach Tallinn parallel zur Küste verläuft, bleibt der Strand selbst im Hochsommer fast überall menschenleer. Touristische Infrastruktur, Restaurants und Hotels sollten Sie hier nicht in großer Dich-

Was lange währt: Seit 1953 wird die Burg Turaida originalgetreu restauriert

te erwarten, dafür erleben Sie eine naturbelassene Ostseelandschaft, wie sie in den Ferienhochburgen des Westens längst Geschichte ist.

SEHENSWERTES

Biosphärenreservat Nordvidzeme (Ziemeļvidzeme) **[112 A1–2]**
60 km der Nordküste sowie ein Teil der Ostsee von Tūja bis an die estnische Grenze und das Einzugsgebiet der Salaca stehen seit 1994 als Biosphärenreservat unter Schutz. Auf einer Fläche von fast 4700 km^2 soll so ein einzigartiges Küstenökosystem aus Salzwiesen, Hochmooren und Laichgewässern der Ostseelachse bewahrt werden. Infos: *TIC Salacgrīva, Mo–Fr 10–17, Sa/So 10–14 Uhr, Rīgas 10 a, Tel. 404 12 54, www.biosfera.lv*

Salacgrīva **[111 F1]**
Das Küstenstädtchen an der Salaca-Mündung ist vor allem Ostseeseglern ein Begriff, die den einzigen Yachthafen Vidzemes gern anlaufen. Viel los ist hier Mitte Juli, wenn der Ort sein Fischerfest feiert. Von Salacgrīva aus lohnt ein Ausflug zu den Opferhöhlen am Flüsschen Svētupe 10 km südöstlich bei Kuiķule. Die Sandsteingrotten dienten den alten Liven als Kultstätte, daher ihr Name. Insider Tipp

Saulkrasti **[111 F2]**
Der seit dem 19. Jh. aus den Fischerdörfern Pēterupe und Neībade zusammengewachsene Küstenort hat selbst wenig mehr zu bieten als seinen Strand, doch der ist so fein und weiß, dass Saulkrasti zu den beliebtesten Badeorten der Rīgaer zählt. Die Hauptstadt liegt nur 30 km entfernt. *www.saulkrasti.lv*

Vidzemes Steinstrand (Vidzemes akmeņainā jūrmala)
★ Ein Stück Ostsee wie aus der Urzeit: Der 14 km lange Abschnitt

zwischen Tūja und Meleki ist eine Meeresküste wilder Schönheit. Steil fallen zerklüftete Kliffe zum Strand ab, der mit zahllosen Steinen übersät ist. Nördlich von Kap Kumrags ragt eine 200 m lange, bis zu 8 m hohe, rote Sandsteinwand aus der Tiefe der Erdgeschichte auf: *Veczemju klintis*. Regen und Brandung haben tiefe Spalten, Grotten und Höhlen aus den Felsen herausgewaschen. Vidzemes Steinstrand steht unter Naturschutz.

MUSEUM

Münchhausen-Museum
In Liepupe erinnert ein kleines Museum an den berühmten Lügenbaron. Nicht von ungefähr: Freiherr von Münchhausen, damals Offizier der russischen Armee, heiratete 1744 in der Kirche des Dorfes und verewigte die Gegend später in seinen Geschichten. *Mi–So 10–17 Uhr, Liepupe 13 (Gemeindehaus)*

ESSEN & TRINKEN

Briža
Gemütliches Lokal mit einheimischer Küche in Salacgrīva, abends sitzt man entspannt auf der Terrasse. *Pērnavas 3, Tel. 404 12 54, €*

Pie Bocmaņa
»Beim Bootsmann«, einem maritim-rustikal dekorierten Restaurant in Salacgrīva, essen Sie lecker Fisch. Probieren Sie gegrillte Neunaugen, eine lettische Delikatesse! *Pērnavas 6, Tel. 404 47 28, €€*

Insider Tipp

ÜBERNACHTEN

Camping Meleku Licis

Insider Tipp

Für Zelte bietet der schwedisch-lettisch geführte Ostsee-Campingplatz nördlich von Vidzemes Steinstrand fast endlos Platz, Sie können aber auch eines der 40 Holzhäuschen (2–4 Pers.) mieten. Das freundliche Team verleiht Fahrräder, kleine,

Rose von Turaida

Marijas treue Liebe zu Viktor und ihr tragisches Ende

In Turaida lebte einst die bildschöne Marija. Sie liebte Viktor, den jungen Gärtner aus dem Schlosspark. Die beiden trafen sich oft in Gutmans Höhle. Eines Tages kam ein polnischer Offizier in die Gegend, der Marija ebenfalls begehrte. Da alles Werben scheiterte, lockte er das Mädchen mit einer List in die Höhle. Als er sich ihr nähern wollte, behauptete die verzweifelte Marija, ihr Halstuch mache sie unantastbar, er möge es doch mit dem Schwert ausprobieren. Der Offizier tat es – und enthauptete das Mädchen. Die tragische Liebesgeschichte, sie soll sich um 1620 zugetragen haben, kennt in Lettland jedes junge Paar. Oft kommen frisch Verheiratete, um am Grab der »Rose von Turaida« Blumen niederzulegen. Es liegt nahe der Burg im Schatten einer alten Linde, die der trauernde Viktor einst gepflanzt haben soll.

Und wo ist die Kanonenkugel? Spurensuche im Münchhausen-Museum

flachwassertaugliche Strandkatamarane und Surfbretter. Zum Campingplatz gehört auch ein Bistro. *15 km südl. von Salacgrīva, Tel. 640 88 99, www.melekulicis.lv, €*

Rezidence
Solides Mittelklassehotel in Saulkrasti, das einfache, aber renovierte Zimmer und ein gutes Restaurant bietet. Zwei Minuten zum Strand. *26 Zi., Ainažu 72, Tel. 795 25 90, €€*

Svētupe
Gemütliche Pension etwas abseits der Küste zehn Kilometer südöstlich von Salacgrīva in dem Dörfchen Kuiķule. Von hier aus ist es nicht weit zu den berühmten Opferhöhlen. *10 Zi., Tel. 404 14 69, €*

ZIEL IN DER UMGEBUNG

Insider Tipp

Tal der Salaca **[112 B1]**
45 km östlich von Salacgrīva liegt das Städtchen Mazsalaca, als Ausflugsziel sehr beliebt wegen seines bezaubernd romantischen Flusstals. In die Sandsteinfelsen, die die verschlungenen Ufer säumen, hat die Salaca tiefe Höhlen und Grotten gewaschen. Die Klippen tragen phantasievolle Namen. So gibt es etwa den Nelkenfelsen, den Schwalbenstein und die Treppe der Träume. In einer engen Talbiegung ragt ein 20 m hoher Stein rot über dem dunklen Wasser auf: der Echofelsen, der seinem Namen alle Ehre macht.

Malerisch schmiegt sich der Waldpark *Skaņaiskalns* an das Flusstal an. Skurrile Holzskulpturen stehen dort und Naturdenkmale wie die Werwolfkiefer, von der es heißt, sie verwandele jeden, der in einer Vollmondnacht unter ihrer Krone den richtigen Spruch murmelt, in ein Untier. Der Weg in das Tal der Salaca beginnt an der Schule von Mazsalaca, er ist gut ausgeschildert.

Kornkammer und Rosenzimmer

Die fruchtbare Ebene von Zemgale birgt einen Schatz spätbarocker Baukunst

Wie ausgewalzt liegt das Tiefland von Zemgale zwischen den kurländischen Hügelketten im Westen und der letgallischen Seenplatte – eine fruchtbare, landwirtschaftlich geprägte Ebene, seit jeher Lettlands Kornkammer. Im Süden grenzt sie an Litauen, im Norden durchströmt die Daugava majestätisch diese historische lettische Landschaft, die einst zum Herzogtum Kurland gehörte. Der Name geht auf die heidnischen Stämme zurück, die hier lebten, ehe deutsche Ritter, Bischöfe und Kaufleute in das Land einfielen. Zusammen mit ihren litauischen Brüdern wehrten sich die Semgaller unter Fürst Nameisis besonders erbittert gegen den Livländischen Orden, dessen massige Burgen noch als Ruinen Bände darüber sprechen, welche Machtkämpfe sich in der stillen Ebene abspielten. Erst 90 Jahre nach der Gründung Rīgas gab Semgallen sich den Rittern geschlagen. Ohne einen Ausflug in die Provinz südlich der Hauptstadt sollte keine Lettlandreise enden. Nicht nur seiner inzwischen ausgesprochen gastfreundlichen Bewohner wegen.

Majestätisch durchströmt die Daugava Lettlands fruchtbare Ebene

Zemgale: Barock und Freundlichkeit

Zemgale birgt die Kronjuwelen lettischer Adelslandschaft: die Barockschlösser Jelgava und Rundāle.

JĒKABPILS

[114 B2] Den uralten semgallischen Handelsplatz an der Daugava kannten schon die Wikinger. Im 13. Jh. ließ der Erzbischof von Rīga eine Burg an das rechte Flussufer wuchten, in deren Schutz und Schatten sich die Stadt Krustpils (Kreuzburg) entwickelte. Jēkabpils am Ufer gegenüber entstand erst im 17. Jh. – aus einer Ansiedlung orthodoxer Altgläubiger, die vor den Schergen des Zaren aus Russland geflohen waren. Und erst 1962 verschmolzen beide Städte zum heutigen Jēkabpils (28 000 Ew.), in Lettland als wichtiger Eisenbahnknoten-

Russische Flüchtlinge gründeten Jēkabpils und bauten dieses Kloster

punkt bekannt: Hier kreuzen sich drei große Fernlinien. Besonders viele Sehenswürdigkeiten hat die Stadt nicht zu bieten. Sie können von hier aus aber wunderbare Ausflüge und Radtouren entlang der Daugava unternehmen.

SEHENSWERTES

Freiheitsstraße (Brīvības iela)

Sie ist die Hauptstraße und Lebensader des Stadtteils Jēkabpils. Links und rechts zweigen schmale Gassen ab, in deren verzweigten Quartieren noch einige jener Holzhäuschen stehen, in denen einst die Altgläubigen wohnten. Markantes Bauwerk der *Brīvības* ist die neoromanische katholische Kirche *(Brīvības/Vienības)*, unweit davon steht das 1807 geweihte Gotteshaus der Lutheraner. Einen Spaziergang durch Jēkabpils beginnen Sie am besten auf dem *Vecpilsētas laukums*, dem zentralen Platz und beliebtesten Treffpunkt der Innenstadt.

Kreuzburg (Krustpils)

★ Von dem gotischen Original blieb kaum mehr übrig als der Schlossturm und der imposante kreuzrippengewölbte Weinkeller, so oft ist die 1237 als erzbischöfliche Festung gegründete Kreuzburg im Lauf der Jahrhunderte von ihren jeweiligen Besitzern umgebaut worden. Nach dem Zweiten Weltkrieg diente sie der Sowjetarmee als Kaserne und verkam ziemlich. Seit 1994 steht die Bastion wieder für Besichtigungen offen, hier finden Sie auch das Geschichtsmuseum von Jēkabpils. *Mo–Fr 9–17, Sa/So 10–15 Uhr, Rīgas iela, Stadtteil Krustpils*

Orthodoxe Kirchen

An der *Brīvības* nahe des Busbahnhofs erinnert das ehemalige Kloster der Altgläubigen mit seiner schönen Nikolauskapelle und der jüngeren, im byzantinischen Sakralbaustil errichteten orthodoxen Kirche an russische Siedlungsgeschichte. Unweit davon lädt der Strūve-Park zu einem Spaziergang ein. Der Name geht auf den estnischen Astronomen Strūve zurück, der eine Weile in Jēkabpils lebte, eine Gedenktafel erinnert an ihn.

MUSEUM

Freilichtmuseum Sēļu sēta

★ Gehen Sie auf eine Zeitreise in die Vergangenheit. Typische Bauernhäuser, eine Windmühle und diverse Gerätschaften in diesem Museum vermitteln Ihnen einen authentischen und sehr lebendigen Eindruck vom Leben im Semgallen des frühen 19. Jhs. Schmiede, Müller und Weber arbeiten wie anno dazumal, und wer will, kann sich in den historischen Handwerkstechniken auch selbst üben. Manchmal gibt's frisches Brot nach alten südlettischen Rezepten.

An das Museum grenzt ein kleiner botanischer Garten, in dem Bäume wachsen, die in Lettland als Exoten gelten, Esskastanie und Walnuss zum Beispiel. *Mai–Okt. tgl. 10–16 Uhr, Filozofu 6, für Vorführungen wird um Anmeldung gebeten, Tel. 523 25 01*

ESSEN & TRINKEN

Atpūta

Populäres Restaurant im Stadtzentrum, auf der Speisekarte vorwiegend internationale Gerichte, man kocht auch vegetarisch. *Viestura 5, Tel. 523 27 11,* €€€

Pie Pils

Gemütliches Lokal an der Burg, gute traditionell lettische Küche. *Rīgas 216, Tel. 522 10 42,* €€

ÜBERNACHTEN

Ceļinieks

Einfaches, preisgünstiges Motel mit eigenem Restaurant in Krustpils am

MARCO POLO Highlights »Zemgale«

★ **Kreuzburg**
Dem Erzbischof von Jēkabpils in den Weinkeller geschaut (Seite 74)

★ **Schloss Jelgava**
Studieren mit fürstlichen Leichen im Keller (Seite 79)

★ **Academia Petrina**
Lettlands einstige Eliteschule in Jelgava schließt heute niemanden mehr aus (Seite 78)

★ **Rundāle**
Wo Herzog Biron im 18. Jh. wie ein kleiner Sonnenkönig residierte (Seite 80)

★ **Freilichtmuseum Sēļu sēta**
Tiefer Blick in Jēkabpils' Vergangenheit: Wie arbeitete ein Schmied vor 200 Jahren? (Seite 75)

Die Burgruine von Koknese: Wenn in Lettland eine Loreley singt, dann hier

Fluss. *20 Zi., Rīgas 33, Tel. 522 17 08, Fax 522 32 44, €*

Daugavkrasti
Beste Unterkunft in der Stadt, renoviert, saubere Zimmer. *15 Zi., Mežrūpnieku 2, Tel/Fax 523 12 32, €€*

AM ABEND

Kargo
Angenehmes Café, abends beliebte Disko mit Bar. *Mežrūpnieku 2*

AUSKUNFT

Mo–Fr 11–17, Sa 10–16 Uhr, Vecpilsçtas laukums 3 (Bibliothek), Tel./Fax 523 38 22, www.jekabpils.lv

ZIELE IN DER UMGEBUNG

Koknese **[114 A2]**
Kaum zu glauben, dass das kleine Dorf an der Daugava 40 km nordwestlich von Jēkabpils im Mittelalter eine bedeutende Hansestadt war. An den Ruhm erinnern die Reste der 1208 gegründeten Ordensburg, eine der romantischsten Burgruinen Lettlands. Insider Tipp Das vom Wasser des 1967 angelegten Stausees umspülte Gemäuer ragte einst 40 m über der Daugava auf! In Koknese gibt's die kleine Pension *Kalnavoti* auf einem Bauernhof, die auch Campinggelegenheiten und Angeltouren anbietet *(3 Zi., Rīgas-Daugavpils soseja, Kokneses pag., Tel. 929 40 27, www.kalnavoti.lv, €€)*. Zur Pension gehört ein nettes Lokal, der *Gubenis kroogs (€)*. Gemütlich ist auch das Restaurant *Ragalu Kroogs (Blaumana 30, €–€€)*.

Nereta **[114 A3]**
Touristen verirren sich nur selten in den entlegenen Winkel nahe der litauischen Grenze. Dabei birgt das Dörfchen 55 km südwestlich von Jēkabpils einen Schatz: Die Neretas-

Kirche, 1593 geweiht, zählt mit ihrem achteckigen Turm und der Arkadengalerie zu den schönsten Kirchenbauten Zemgales. Üppig verzierte Grabplatten erinnern an die Burggrafenfamilie von Effern, die hier einst herrschte. Die Innenausstattung gilt als bedeutendstes Werk des nordeuropäischen Manierismus in Lettland. Neretas Umgebung, malerisch in das Tal der Suseja gebettet, eignet sich wunderbar für Radtouren und Wanderungen. Ein schönes Ausflugsziel ist der Saukas-See.

Skrīveri-Wald [114 A2]
Kanadische Kiefern neben Korkeichen aus Portugal, Bergahorn und Moorbirke: In Skrīveri wächst zusammen, was eigentlich nicht zusammengehört. Der 16 ha große Waldpark des Dorfes an der Daugava, 58 km nordwestlich von Jēkabpils, birgt Bäume sämtlicher 19 Vegetationszonen der nördlichen Erdhalbkugel. Das vor 120 Jahren angelegte dendrologische Kleinod ist heute als Skrīveri-Wald jedem lettischen Botaniker ein Begriff. Ein schönes Ausflugsziel für erholsame Wanderungen.

JELGAVA

[111 E4–5] Prachtvoll und erhaben wie ein Zarenpalast empfängt ein riesiges Barockschloss jeden Reisenden, der aus Richtung Rīga nach Jelgava kommt. Es ist das Wahrzeichen der viertgrößten Stadt Lettlands (64 000 Ew.) und Zeugnis einstiger Bedeutung. Im 17. und 18. Jh. stand Jelgava als Hauptstadt des Herzogtums Kurland, zu dem damals auch Zemgale gehörte, für Luxus und Macht. Schon lange vor-

Lettlands Schicksalsstrom

Erleben Sie die Daugava vom Floß aus

Mit 1022 km Länge ist die Daugava (Düna) der bedeutendste Fluss des Baltikums. Aus Weißrussland kommend, strömt sie 347 km mitten durch Lettland, von Krāslava bis an die Mündung in die Ostsee, und bildet dabei die Grenze der südlettischen Landschaften Zemgale und Latgale zum historischen Livland. Die Daugava ist Lettlands Schicksalsstrom. Wie ein blauer Faden begleitet sie die Geschichte des Landes und reicht tief in die baltische Vorzeit hinab: Schon vor 9000 Jahren lebten in ihrem Urstromtal Menschen. Eine Fahrt auf der Daugava ist eine Reise durch ein Freilichtmuseum lettischer Vergangenheit. Vorchristliche Kultstätten und Ruinen imposanter Burgen an den Ufern zeugen von bewegten Zeiten. Besonderes Abenteuer ist eine Daugava-Reise auf dem Floß. Es gibt unterschiedliche Angebote bis zu Wochentouren mit vielen Zwischenstopps und individuell planbaren Programmen *(Naturtourismusbüro »Seldedze«, Jēkabpils, Bebru 108, Tel. 955 84 38, www.daugavplosts.lv)*

her ragte anstelle des Schlosses auf der Insel am Zusammenfluss von Lielupe und Driksa die 1265 gegründete Burg *jalgab* des Livländischen Ordens auf, in deren Schutz sich eine Handwerkersiedlung zur vitalen Handelsstadt entwickelte. Von der alten Schönheit Jelgavas ist nicht viel übrig. Im Sommer 1944 verkrallte sich die Front wochenlang in der Stadt, die dabei in Schutt und Asche sank. Wie ein Mahner an diese Apokalypse ragt die Turmruine der Dreifaltigkeitskirche gegenüber der Schlossinsel auf.

SEHENSWERTES

Academia Petrina

★ So nobel studierte einst Lettlands Elite: Das barock-klassizistische Schmuckstück barg die erste höhere Bildungsanstalt des Landes. An der Academia Petrina lernte Krišjānis Barons, der legendäre »Vater der Dainas«, ebenso wie spätere Präsidenten Lettlands, Litauens und Polens. Gegründet wurde die Lehranstalt 1775 von Herzog Peter Biron, der dazu das Schloss der Zarin Anna umbauen ließ. Im 35 m hohen Turm richtete man ein astronomisches Observatorium ein. Heute beherbergt die Academia ein Museum. *Akademijas 10*

Alunāns-Park

Ursprünglich der alte Friedhof der Stadt. Hier liegt Ādolfs Alunāns begraben, einer der großen Söhne der Stadt, Begründer des modernen lettischen Theaters. Ein Denkmal erinnert an den Dramatiker. Vom Alunāns-Park in Richtung Academia kommen Sie an der schönen orthodoxen Kirche vorbei. Sie wurde im Krieg völlig zerstört und erst 1998 wieder aufgebaut. *Pasta/Zirgu*

Annakirche (Sv. Annas baznica)

Die evangelische Annakirche, 1641 anstelle eines abgebrannten Holzkirchleins erbaut und mit ihrem spitzen Turm leicht zu entdecken, birgt eines des berühmtesten Gemälde des lettischen Nationalma-

Über 30 Jahre Bauzeit: Als Schloss Jelgava fertig war, starb sein Bauherr

lers Janis Rozenthals: das Altargemälde »Christus und die Samariten« (1910). Rings um die Kirche stehen in der *Auseklis* und der *Vecpilsetas iela* noch einige jener schlichten hölzernen Handwerker- und Kaufmannshäuser aus dem 18. Jh., die erahnen lassen, wie das historische Jelgava einst aussah. *Jaunatnes 1*

Schloss Jelgava (Jelgavas pils)

★ Wer heute in Lettland Landwirtschaft studiert, lernt seine Feldfruchtlektionen in feudalem Ambiente: Im Barockschloss Jelgava residiert die staatliche Agrarakademie. Erbaut wurde es für Ernst Johann Biron, einen Liebhaber von Zarin Anna Iwanowna. Kaum zum Herzog von Kurland ernannt, ließ der sich ab 1738 auf den Wällen der alten Ordensburg eine fürstliche Residenz errichten und beauftragte dafür einen Megastar der damaligen Baumeisterzunft: den St. Petersburger Hofarchitekten Bartolomeo Francesco Rastrelli. Dreieinhalb Jahrzehnte zog sich der Bau der barocken, am Ende schon deutlich klassizistisch geprägten Dreiflügelanlage hin. Erst 1772 bezog die Herzogsfamilie das neue Schloss. Biron hatte von dem Prunk nicht mehr viel: Er starb im selben Jahr.

Das Schicksal des Schlosses spiegelt Lettlands wechselhafte Geschichte wider. Im November 1918 steckten Monarchisten Schloss Jelgava in Brand, 1944 wurde es fast völlig zerstört. Zwar baute man es immer wieder auf, von seinem ursprünglichen Aussehen hat das Schloss dabei aber viel verloren. So kam ein Westflügel hinzu, der den einst offenen Ehrenhof schloss. Geblieben ist die wundervolle Aussicht auf die Prachtfassade, die sich am schönsten vom rechten Ufer der Lielupe her bietet. Unter der Südostecke des Schlosses liegt die Gruft der Herzöge von Kurland, (Insider Tipp) in der die Mitglieder der Familien Kettler und Biron ihre letzte Ruhe fanden. Das Grabgewölbe mit den 30 Särgen kann besichtigt werden. Im Schloss gibt's außerdem eine sehenswerte Ausstellung über die Geschichte der Herzogsresidenz. *Mo–Fr 10–16 Uhr, Pilssala*

MUSEUM

Museum für Geschichte und Kunst (Jelgavas vēstures un mākslas muzejs)

Aus Jelgava stammen viele berühmte Menschen der lettischen Historie, z. B. Kārlis Ulmanis, Staatspräsident zwischen den Weltkriegen. In Jelgava erschien 1856 die erste rein lettische Zeitung. Mehr über die bewegte Vergangenheit der Stadt erfahren Sie im Museum für Geschichte und Kunst, das nach dem Maler Gederts Eliass benannt ist und schon seines Gebäudes wegen einen Besuch lohnt: Es residiert in der einstigen Academia Petrina. *Di–Fr 10–18, Sa/So 10–16 Uhr, Akademijas 10*

ESSEN & TRINKEN

Ceplis

Beliebtes Restaurant im Stadtzentrum, gute Küche, lettische Spezialitäten. *Lielā 49, Tel. 302 47 26,* €€

Kwatro

Eines der vielen kleinen Cafés, in dem man auch gut und günstig essen kann. *Driksas 1,* €

Tobago
In diesem rustikalen Lokal wird traditionell lettisch aufgetischt, dazu gibt es leckeres Bier aus der Region. Im Sommer sitzt man schön draußen. *Čakstes bulv 7, Tel. 302 00 57, www.tobagokrodzins.lv, €€€*

ÜBERNACHTEN

Akva
Solides und preisgünstiges Hotel mit einfachen Zimmern. *24 Zi., Birzes 49, Tel./Fax 304 24 44, €*

Jelgava
Das im Jahr 1938 gebaute Traditionshotel liegt ganz in der Nähe des Schlosses. Es verfügt über Schwimmbad, Sauna, ein Café und ein Restaurant. Die 38 Zimmer sind fast durchweg renoviert. *Lielā 6, Tel. 302 61 93, Fax 308 30 05, www.zl.lv/hoteljelgava, €€*

Insider Tipp **Kalna Būriņi**
Das zu einem Hotel umgebaute einstige Haus eines Waldhüters aus dem Jahr 1830 liegt zwar etwas abseits am westlichen Stadtrand von Jelgava, doch die urige Einrichtung und der schöne Garten belohnen dafür. *12 Zi., Buriņu ceļs 8, Tel. 923 72 52, €€*

AM ABEND

Tonus
Dieses Lokal ist eine Mischung aus Café, Disko und Nachtbar, mit Billard. *Uzvaras 12*

AUSKUNFT

Mo–Fr 8–17 Uhr, Lielā 6, Tel. 302 38 74, und Pasta 37, Tel. 302 27 51, www.jelgava.lv

ZIELE IN DER UMGEBUNG

Bauska **[111 F5]**
Bauska, unweit der Grenze zu Litauen 40 km südöstlich von Jelgava, ist eine der ältesten Städte des Landes. Im Stadtzentrum stehen einige alte Holzhäuser, und über dem Hochufer der Mūsa ragt ebenso malerisch wie imposant die Ruine der Ordensburg auf. Vom Burgturm genießen Sie einen schönen Blick auf die Umgebung. Ein Tipp ist Bauska für Liebhaber alter Musik: Alljährlich im Sommer finden in mehreren Schlössern der Umgebung Klassikfestivals statt. *TIC Bauska, Rātslaukums 1, Tel. 392 37 97, www.bauska.lv*

Mežotne **[111 F5]**
Das prächtige klassizistische Palais, erbaut um 1800 vom Hofbaumeister der Zarin Katharina II, Giacomo Quarenghi, ist in den letzten Jahren wundervoll restauriert worden und erstrahlt nun wieder in milden Pastelltönen. Mežotne liegt 38 km südöstlich von Jelgava. Ein Teil des von einem herrlichen englischen Landschaftspark umgebenen Schlosses ist für Besichtigungen zugänglich *(tgl. 8–17 Uhr)*, der Rest beherbergt ein kleines, elegantes Schlosshotel mit 12 stilvoll und individuell möblierten Zimmern, die Namen tragen wie »Room of Roses« oder »Sleeping beauty« *(Tel. 396 07 11, Fax 396 07 25, www.vide.lv, €€€)*. Insider Tipp

Rundāle (Pilsrundāle) **[111 F5]**
★ »Klein Versailles« nennen die Letten das schönste Barockschloss ihres Landes stolz. 138 Kabinette und Säle zählt der nach französischem Vorbild dreiflügelig angelegte Palast, mit prachtvollen Treppen-

Noch ein Schloss für Herzog Biron: Rundāle war seine Sommerresidenz

häusern und Galerien verbunden. Ihren Rundgang beginnen Sie am besten im Thronsaal, wegen seines filigranen Goldstucks auch Goldener Saal genannt. Ein 200 m^2 großes Deckengemälde preist allegorisch die Tugenden des Herzogs, der hier seine Audienzen abhielt. Nicht minder üppig der von Spiegelfenstern künstlich lichtdurchflutete Weiße Saal. Als Krone des Prunks gilt das mit rotem Marmor und Tapeten aus kostbarem Seidenbrokat ausgekleidete Rosenzimmer.

Leisten konnte sich all diesen Luxus Herzog Ernst Johann Biron, der Rundāle 1735 bis 1768 bauen ließ – als Sommerresidenz. Wie in Jelgava beauftragte er auch hier den genialen Bartolomeo Francesco Rastrelli. Der konnte aus dem Vollen schöpfen: In dem riesigen Schlosspark ließ Rastrelli 328 000 Linden pflanzen. Fertig wurde dieses Kunstwerk französischer Gartenbaukunst allerdings nicht mehr. Der Park wird derzeit anhand der Originalpläne vollendet. Fast abgeschlossen sind mittlerweile die seit 1972 laufenden Restaurierungsarbeiten an dem Ensemble, das in beiden Weltkriegen schweren Schaden nahm. Eine Ausstellung im Schloss informiert darüber.

Als ein Juwel baltisch-barocker Baukunst zieht das 38 km südöstlich von Jelgava gelegene Schloss jährlich nicht nur Zehntausende Besucher an. Die lettische Regierung bringt hier auch ihre Staatsgäste unter. Und wer es sich leisten kann, feiert auf Rundāle fürstlich Hochzeit. *Mai bis Okt. tgl. 10–19, Nov.–April 10–17 Uhr, Führungen auf deutsch Tel./Fax 396 21 97, www.rpm.apollo.lv.*

Im angeschlossenen Schlossrestaurant *Pils A&S* wird internationale Küche in herrschaftlichem Ambiente serviert *(Mi–So 10–18 Uhr, Tel. 396 21 16, €€€).*

Leuchttürme und Seenplatte

Die Touren sind in der Karte auf dem hinteren Umschlag und im Reiseatlas ab Seite 110 grün markiert

1 VON DER RĪGAER BUCHT UM DAS KAP DER ZWEI MEERE

Die »Leuchtturmfahrt« führt durch eine Region, die 50 Jahre lang kein Fremder zu Gesicht bekam. Kurlands Küste war Sperrgebiet. Vergessen Sie Majoris Ferientrubel, dafür wird sich Ihnen ein verwunschenes Paradies öffnen: einsame Strände, Dünenketten, Salzluft, die im harzigen Aroma endloser Kiefernwälder zerfließt. Die Länge der Zweitagestour liegt bei 170 km.

Tukums ist eine alte Stadt. Der seltsame Name stammt vom livischen »tukku mägi«, was so viel wie »ein Haufen Hügel« heißt: Von einem der Hügel aus wachten schon vor tausend Jahren livische Fürsten über den Bernsteinhandel. Erste Station ist nach 22 km nordwärts *Engure*, beliebt für seinen Strand und berühmt für den frischen Räucherfisch, den die Fischer hier anbieten.

In ihrem Urstromtal hinterließ die Gauja mächtige Höhlen und Grotten

Links der Straße verbirgt sich hinter Moorwald und Salzwiesen der seichte *Engures ezers*, größter Lagunensee der lettischen Küste und ein Wasservogelreservat europäischen Ranges. Überblicken lässt sich das geschützte Gewässer am besten von einem Beobachtungsturm am Nordufer bei *Mērsrags*. Das alte Dorf mit jahrhundertealter Fischereitradition erreichen Sie nach weiteren 30 km. Es heißt nach einem von der Seefahrt gefürchteten Kap, vor dem heute ein Leuchtturm warnt.

Die Küste wird nun immer einsamer, nur wenige Orte säumen den Weg, *Roja* etwa. Einst Zentrum des kurländischen Segelschiffbaus, heute ein munteres Hafendorf, das eine Pause lohnt: Ein *kleines Museum* gibt Einblick in das Leben der Küstenfischer im 19. Jh. Üben Sie sich im Knüpfen von Netzen und lernen Sie einen echten Seemannsknoten *(Jūras Zveniecības muzejs, Di–Sa 10–18 Uhr, Selgas 33)*.

Von Roja ist es nicht mehr weit bis zum ersten Höhepunkt der Tour: *Kolkasrags (S. 53)*, das legendäre Nordkap Kurzemes. »Strand der zwei Meere« nennen die Einheimischen die windige Landspitze, weil an ihr Ostsee und Rīgaer Bucht zusammenstoßen, und das mitunter ziemlich turbulent. Am Strand liegen Trümmer eines alten Leuchtturms, der heutige steht seit 1884 vier Kilometer vor der Küste am Ende der *Kolka-Sandbank*. Ein Signalfeuer am Kap kennt man seit dem 11. Jh., damals freilich entzündet von Strandpiraten, die so Schiffe auf die Untiefe lockten und ausraubten.

Ein weiteres historisches Seezeichen steht vier Kilometer im Landesinneren (!), und ersteigen sollten Sie es schon der phantastischen Sicht wegen: Vom Kopf des roten Insider Tipp Leuchtturms Slītere 59 m über dem Meer reicht die Sicht bei schönem Wetter bis hinüber zur estnischen Insel Saaremaa. Der Turm beherbergt eine Ausstellung des *Slītere-Nationalparks*, zu dem auch Kolkasrags gehört. In 60 Jahren Isolation schuf die Natur hier eine urwaldartige Wildnis *(S. 53)*.

Am Kap erinnert eine Sandsteinskulptur an die Liven, die Ureinwohner der baltischen Küste. Ihre letzten Nachfahren leben hier in einigen ethnografisch geschützten Dörfern, deren kulturelles Zentrum *Mazirbe (S. 52f.)* ist, 18 km südwestlich von Kolka. Dort steht das livische Kulturhaus mit einem kleinen Museum. Erbaut wurde es 1939 mit Hilfe Estlands und Ungarns, den Verwandten des finno-ugrischen Volkes. Auf der Weiterfahrt in diese Richtung lohnt sich eine Rast in Insider Tipp *Košrags*. In dem Dörfchen stehen noch neun der alten, traditionellen Fischerkaten. Kein einziger Nagel wurde bei ihrem Bau verwendet. Košrags, Pitrags, Sīkrags, Vaide, Mazirbe – die Livendörfer leben, seit der Bann der Sperrzone von ihnen abgefallen ist, nun wieder von der Küstenfischerei. Zum Übernachten gibt's hier einige nette Privatquartiere, in Mazirbe auch eine kleine *Pension (6 Zi., Kalēji, Tel. 324 83 74, €)*.

2 RUNDFAHRT DURCH DEN GAUJA-NATIONALPARK

Lettlands Lieblingswanderland, das Urstromtal der Gauja und die »Livländische Schweiz«, können Sie auf verschiedene Weise entdecken. Diese Tour führt als Autorundfahrt zu den schönsten Orten des Nationalparks, sie lässt sich an den einzelnen Stationen jeweils mit Wanderrouten kombinieren. Nehmen Sie sich für die etwa 150 km lange Strecke zwei Tage Zeit, die Landschaft hat es in sich. Zudem gibt's jede Menge Aktivangebote von Bungee bis Kanurafting. Als Übernachtungsort bietet sich Cēsis an.

Die Strecke beginnt in der Burgenstadt *Sigulda (S. 68)*. Im *TIC (Pils 4a)*, im *Besucherzentrum des Nationalparks (Baznīcas 3)* oder im *Infozentrum Makars (Peldu 1)* bekommen Sie gutes Kartenmaterial. Erstes Ziel der Tour ist *Līgatne*, 20 km nordöstlich, das Sie am besten über die A 2 *(Vidzemes šoseja)* in Richtung Alūksne erreichen. Līgatne wuchs im 19. Jh. um eine Papiermühle herum. Hier wurden mehrere schöne Wanderwege und Lehrpfade angelegt. Sie können z. B. mit der Fähre die Gauja überqueren und ein Stück in westliche Richtung zu den 200 m langen *Glūdu-Felsen (Glūdu klints)* spazieren, die ein schönes Echo zurück-

Die Skulptur am Kolkasrags erinnert an die Urbewohner der Küste, die Liven

Insider Tipp

werfen. Oder weiter flussabwärts zur Dagnes-Höhle *(Dagnes ala)*. Die kleine, rot schimmernde Höhle, von zahllosen Frühlingshochwassern aus dem Sandstein gespült, liegt versteckt in herrlichem Laubwald an der Mündung des Flüsschens *Liepu Strauts* in die Gauja.

Die Rundfahrt führt dann von Līgatne am Schlossberg vorbei auf einer unbefestigten, kurvigen Straße durch die Tallandschaft in Richtung Kārli. Nach acht Kilometern zweigt ein Wanderweg nach links ab. Er führt zu einem der schönsten Plätze am Gauja-Ufer, der Felswand mit den Stromschnellen *Ķūķu krāces*. Eine weitere atemberaubend schöne Stelle erreichen Sie, wenn Sie hinter der Brücke, die kurz darauf die Amata überquert, nach rechts auf einem ausgeschilderten Pfad zum *Zvārtas iezis*, dem Adlerfelsen, wandern.

Von Kārli ist es nicht mehr weit bis zur Straße nach Cēsis, auf der Sie eine weitere sehenswerte Station der Tour erreichen: die *Seeburg von Āraiži*. Auf der Insel des Āraiži-Sees entdeckten Archäologen 1864 die Reste eines großen lettgallischen Wehrdorfes, das man in Teilen originalgetreu rekonstruierte. Als anschauliches Abbild der heidnischen Kultur des 9. Jhs. ist die hölzerne »Burg« in ganz Lettland bekannt und auch für Kinder ein spannendes Erlebnis *(April bis Nov. tgl. 9–18 Uhr)*. Malerisch schmiegt sich das Gutsdorf mit Kirche und Holländermühle an den See. Von Āraiži sind es nur noch wenige Autominuten bis *Cēsis (S. 64ff.)*. Die geschichtsträchtige Stadt lädt zu einem entspannten Bummel ein.

Insider Tipp

Die Tour setzt nun über auf die andere Seite des Tals. Sie verlassen Cēsis auf der Straße Richtung Limbaži. Auf der Gauja-Brücke bietet sich ein Topfotomotiv: Rechts ragen die *Sakanāsklippen* über dem Flussufer auf.

Nach zwölf Kilometern passieren Sie den *Ungurū ezers*, den größten See des Nationalparks. Am ehemaligen Gasthaus *Maizas krogs* zweigt rechts eine schöne Eichenallee zum Insider Tipp *Gut Ungurmuiža* ab. Dort steht das einzige hölzerne Barockschloss Lettlands. Innen sind schöne Wand- und Deckenmalereien erhalten, die besichtigt werden können *(Di–So 9–17 Uhr)*. Das aus dem frühen 18. Jh. stammende zierliche Teehaus im Park erinnert an die damals modische Vorliebe für chinesische Kultur.

Auf der A3 Sigulda–Valmiera, die Sie nach ein paar Kilometern erreichen, biegen Sie nach links ab und kommen kurz darauf nach *Straupe*, dessen Schlossensemble *Lielstraupe (Lielstraupes pils)* zu besichtigen lohnt *(tgl. 9–19 Uhr)*. Es entstand im 13. Jh. als Burg des erzbischöflichen Vasallen Fabian von Rosen und verfiel später. Seine Nachfahren bauten es 1727 im Stil des Barock wieder auf. In der prachtvollen Kirche, selten einträchtig mit dem Schloss unter einem Dach, finden im Sommer oft Orgelkonzerte statt. Von Straupe aus sind es noch 25 km bis Sigulda.

3 VON DAUGAVPILS DURCH DIE LATGALER SEENPLATTE

Schrecken Sie nicht davor zurück, dass der Osten des Landes touristisch noch als Niemandsland gilt. Auf dieser Tour durch ein hügeliges Mosaik aus Wäldern, Wiesen und über 300 Seen entdecken Sie ein wunderbar unverbrauchtes, stilles Land mit eigenem Zeitmaß. An einem Tag ist die etwa 130 km lange Route durch die Latgaler Seenplatte mit dem Auto gut zu schaffen. Von den Etappen und (einfachen) Übernachtungsmöglichkeiten her lohnt sie sich ebenso zum entspannten Radwandern, in diesem Fall planen Sie drei Tage ein.

Die erste Etappe der Tour führt auf der A 6 nach *Krāslava* entlang der Daugava-Schleifen. Majestätisch windet sich der Strom östlich von Daugavpils durch sein breites Tal, gerahmt von Sandsteinfelsen. Vom ausgeschilderten *Markova-Burgberg (Markovas pilskalns)* bietet sich der schönste Ausblick auf die grandiose Landschaft des Naturparks *Daugavas loki*.

In Krāslava biegen Sie nach links auf die Landstraße P 62 in Richtung Aglona ab. Kurz darauf erreichen Sie Kombuļi. Hier lohnt sich ein Abzweig zum *Sauleskalns (S. 59)*, dem berühmten Aussichtspunkt. Der »Sonnenberg« ist etwas schwer zu finden, achten Sie nach etwa drei Kilometern auf die Bushaltestelle »Sauleskalns«, dort biegen Sie nach rechts ab. Die Jugendherberge südlich des Berges, zu sowjetischer Zeit das bedeutendste touristische Zentrum in Latgale, existiert nur noch in Resten, die zudem in einem so ruinösen Zustand sind, dass die Ferienstätte lediglich noch genügsamsten Gemütern zuzumuten ist.

Wieder zurück auf der Straße nach Aglona, passieren Sie nach zehn Kilometern einen kleinen See, an dem (wieder einmal) der Teufel sein Unwesen treiben soll. Wirklich faszinierend am *Velnezers*, dem Teufelssee, ist seine Eigenart, je nach Lichteinfall seine Farben zu ändern.

Auf Gut Ungurmuiža verbinden sich Holz und Barock aufs Allerschönste

Nun naht *Aglona*. Schon von weitem leuchtet der schneeweiße Doppelturm der berühmten Basilika, eines Wallfahrtsorts der katholischen Welt Osteuropas *(S. 58)*.

Rings um Aglona liegen einige der schönsten Seen Latgales. An einem kommen Sie bald vorbei, wenn Sie nun durch das stille Land in Richtung Dagda weiterfahren: der buchtenreiche *Rušons-See*, eine abgründig grünblau schimmernde Perle, ihrerseits von einem Kleinod gesäumt: dem Dorf *Bērzgale* am Südufer mit seinem barocken Holzkirchlein. In Kapiņi biegt links ein Weg nach Bērzgale ab. Gleich mehrere Seen stoßen im Tal bei Dagda zusammen. Den namenstiftenden *Dagdas ezers* mit seinen zwölf Inseln kann man umwandern.

Die Seerundfahrt führt nun auf der Landstraße in nördliche Richtung. In *Ezerniki* überrascht ein riesiger Hotelkomplex, der aus Zeiten organisierten Urlaubs stammt und damals sehr beliebt war. Derzeit steht die Ferienstätte großenteils leer, auf den erhofften Investor wartet die Region bislang vergebens *(Tūristu Centrs Ezernieki, 158 Zi., Tel. 565 53 42, €)*. Die Seen ringsum sind Teil eines großen Naturschutzgebiets, der *Ežezers* selbst mit seinen 69 Inseln zählt zu den schönsten Seen Lettlands.

Jetzt ist Rēzekne nicht mehr weit. Die Landschaft, in der Dörfer nach ihren Seen heißen, ist hier wunderbar wellig, Ketten eiszeitlicher Endmoränen prägen das Bild – »Berge« wie der *Lielais liepu kalns*, mit 289 m Höhe einer der höchsten Gipfel des Baltikums. Noch einmal glitzert eine Wasserfläche im Licht. Es ist der *Rāznas-See*, an dessen Ufer es mehrere Naturstrände gibt. Gönnen Sie sich eine Erfrischung, schwimmen Sie im klaren Wasser des Rāznas, bevor die Tour durch das Land der Blauen Seen in *Rēzekne* zu Ende geht.

68

Wasserwandern im Anglerparadies

Zwischen Meer und Moor: Für einen aktiven Urlaub hat Lettland viel zu bieten

Für alle, die Landschaften am liebsten erwandern oder mit dem Fahrrad entdecken, gern Flüsse und stille Seen im Kanu erkunden, angeln, reiten oder segeln, ist Lettland ein wahres Paradies. Die Möglichkeiten für einen aktiven Urlaub haben sich vielerorts stark verbessert. Ob Bungeejumping oder Fallschirmspringen, Floßtour oder Wasserski: gibt's alles schon. Die Besucherzentren in den drei Nationalparks und sechs Naturreservaten organisieren Exkursionen, Aktivtourismus-Anbieter wie *Eži (Activa Turisma Centrs Eži, Cēsis, Lenku 7 a, Tel. 410 72 63, www.ezi.lv)* und *Makars (Makars Camping, Sigulda, Peldu 1, Tel. 924 49 48, www.makars.lv)* verleihen Fahrräder, Zelte und Kanus samt Ausrüstung oder stellen für Sie auf Wunsch ganze Tourenprogramme zusammen.

Außerhalb von Touristenzentren wie Jūrmala oder Sigulda sind solche Angebote freilich noch Mangelware. Auf den stillen Straßen Nordvidzemes oder in der Seenplatte Latgales müssen Sie sich ihre Wege selbst suchen. Doch das hat bekanntlich auch seinen Reiz, und manches Paradies, das Sie dabei entdecken werden, haben Sie (noch) ganz für sich allein.

Tarnkleidung ist nicht notwendig, Lettlands Fische beißen auch so

ANGELN

Angeln ist in Lettland Volkssport, was nicht wundert in einem Land mit so vielen Flüssen und Seen. Wer in lettischen Gewässern seine Angel auswerfen will, muss sich zuerst einen Angelschein kaufen. Den gibt's in Geschäften mit Angelzubehör, oft auch im Postamt. Notfalls im TIC fragen. An privaten Seen ist zusätzlich eine Erlaubnis des Besitzers und eine Angellizenz nötig, auch in Naturreservaten unterliegt das Angeln Beschränkungen. Detaillierte Informationen bekommen Sie beim *Verband der Angler und Jäger (Latvijas makšķernieku un mednieku biedriba) in Rīga, Kungu 8, Tel. 721 29 52,* oder beim *Lettischen Forstamt* in Rīga, *Kristapa 30, Tel. 760 20 75, www.lvm.lv.*

BALLONFAHRT

Der erfahrene Ballonpilot Gunārs Dukste bietet Flüge mit dem Heißluftballon über Rīga an. Ein teures *(ab 100 Euro pro Person/Std.)*, aber unvergessliches Erlebnis. Buchbar über den *Reiseclub Altius, Valguma 8/10, Tel. 761 16 14, www.altius.lv.*

GOLF

Große Golfplätze hat Lettland nur wenige. Die modernste (18-Loch-) Anlage finden Sie am nördlichen Rand Rīgas am *Kiš-See*: der von Eishockeystar Sandis Ozoliņš gegründete *Ozo-Golfplatz (www.ozogolf.lv)*.

KANU & KAJAK

Lettlands Flüsse bieten 2000 km Paddelstrecken von gemächlich bis wild. Schönstes Revier ist der *Gauja-Nationalpark*. Die Gauja ist auch für weniger geübte Paddler geeignet. Sportlicher geht's auf ihrem Nebenfluss, der stromschnellenreichen *Amata* zu, dem anspruchsvollsten Wildwasserrevier. Schöne Kanuflüsse sind auch die *Abava* in der Kurländischen Schweiz, die geheimnisvolle *Salaca* im Nordosten und natürlich die *Daugava*. Wenn Sie Lettland auf dem größten Strom des Baltikums durchqueren, sind sie 360 km unterwegs. Ein traumhaftes, bislang völlig unentdecktes Revier ist die *Latgaler Seenplatte*. Wer hier per Kanu starten will, muss seine Ausrüstung mitbringen. Kanutipps für Lettland und Bootsverleih: *Campo, Tel. 922 23 39, www.laivas.lv.* Revierinfos über die Landesgrenzen hinaus hat auch der *Kayak Fun Club (www.kayak.lv)*.

RADWANDERN

Mit seinen sanften Hügeln und weiten Ebenen ist Lettland für ausgedehnte Radtouren wie geschaffen. An Radwegen mangelt es allerdings noch, ebenso an ausgewiesenen Routen. Empfehlenswert für einen landesweiten Überblick ist die *Latvijas velomaršrutu karte*, zu beziehen über größere Buchläden oder die örtlichen Tourismusbüros. Meiden Sie möglichst Fernverkehrsstraßen, man nimmt dort wenig Rücksicht auf Radfahrer. Weichen Sie lieber auf kaum befahrene Nebenstraßen aus, packen Sie eine gute Karte und ein Reparaturset für alle Fälle ein – wunderbare Touren werden Sie belohnen. Unangenehm sind nur die Schotterpisten, die in den ländlichen Regionen noch sehr verbreitet sind. Fahrräder können Sie in den Besucherzentren der Nationalparks, in Ferienorten auch in Hotels ausleihen. Infos und Tourentipps beim *Lettischen Radtourismus-Zentrum* in Rīga, *Jekabpils 19a, Tel. 750 70 42, www.velokurjers.lv.*

REITEN

Viele Anbieter von Urlaub auf dem Bauernhof haben auch an Reitmöglichkeiten für Anfänger und Könner gedacht, Reiterhöfe organisieren geführte Touren und Ausritte. Gute Angebote gibt's im *Gauja-Nationalpark (Tel. 797 45 84)*. Wer einfach mal Bekanntschaft mit der Szene machen möchte: Im *Zuchtgestüt Tērvete* können Sie Lettlands edelste Stuten bewundern. Eine Liste von Reiterhöfen unter *www.traveller.lv.*

SEGELN & SURFEN

Die Ostseeküste, heute Lettlands größtes Revier, war als Grenzgebiet Jahrzehnte lang tabu für den Segelsport. Inzwischen haben sich mehrere Yachtclubs etabliert: Rīga *(Sturmana 1a, Tel. 743 25 64)*, Liepāja *(Veca osmala 41, Tel.*

Robuste Reifen machen Entdeckungstouren abseits der Straßen möglich

342 68 36), Ventspils *(Jāņa 19, Tel. 362 11 36)* und Jūrmala/Lielupe *(Vikingu 6, Tel. 777 53 91)*. Hier finden Sie Mitsegelgelegenheiten und können z. T. auch chartern. Wer auf eigenem Kiel nach Lettland oder die Küste entlang segelt, kann zwischen Liepāja und Salacgrīva neun Häfen anlaufen. Aktuelle Infos: *www.yacht.rsc.lv* oder *www.latviancoast.lv*. Beliebtes Binnensegelrevier ist der *Usmas-See* nördlich von Kuldiga. Hier können Sie auch Boote ausleihen *(Tel. 633 45 00, www.umas.lv)*. Stürmisch entwickelt hat sich die Windsurferszene, ihre Hochburg ist *Liepāja*.

VÖGEL BEOBACHTEN

In Lettland nisten Vogelarten, die in Westeuropa längst ausgestorben sind oder auf der roten Liste stehen wie Birkhühner, Schwarzstörche, Adler- und seltene Eulenarten. Ornithologen finden in den Waldlandschaften, Hochmooren und an den Lagunenseen paradiesische Verhältnisse. Der *Papes-See* südlich Liepājas ist ein nordeuropäischer Brennpunkt des Vogelzugs. Über den Landstreifen zwischen Lagune und Küste ziehen von August bis November etwa 10 Mio. Vögel und – europaweit einzigartig – riesige Schwärme von Fledermäusen hinweg. Der WWF hat hier Beobachtungstürme installiert *(www.wwf.lv)*. Seltene Vögel lassen sich außerdem im *Teiči-Hochmoor* südlich von Madona und im *Ķemeri-Nationalpark* bei Jūrmala beobachten. Das lettische Fremdenverkehrsamt hat die Broschüre »Naturtourismus in Lettland« herausgegeben, in der alle Ökoreservate mit Lehrpfaden und Kontaktadressen übersichtlich zusammengefasst sind. *Lettlands Ornithologenverband: Rīga, Kalnciema 27, Tel. 722 15 80, www.putni.lv*

Insider Tipp

Märchenwald und Sommerrodeln

Auf kleine Besucher warten in Lettland allerhand Abenteuer, eine Menge Sand und eine Riesenbadewanne namens Ostsee

Langeweile droht Familien mit Kindern in Lettland kaum. Vergnügungsparks westlichen Musters werden Sie zwischen Alūksne und Liepāja zwar vergeblich suchen – doch sehr wahrscheinlich auch kaum vermissen. Das grüne, weite Land steckt voller Abenteuer. Gemeinsam wildromantische Wälder durchwandern, uralte Burghügel und geheimnisvolle Sandsteinhöhlen erkunden, per Kanu oder Floß flussabwärts treiben oder abends an einem See ein Lagerfeuer entfachen. Unterhaltung von Autoskooter bis Zirkus bietet vor allem Rīga. Doch Sommerrodeln und Schmalspurbahn sorgen auch außerhalb der Hauptstadt für Abwechslung, und an einem Strand wie dem von Jūrmala fühlen sich Kinder von Natur aus wohl. Sollten Salzluft und Sandburgen nicht reichen: Alle großen Seebäder haben sich inzwischen aufwändige Aquaparks zugelegt.

RĪGA UND JŪRMALA

Insider Tipp **Lido atpûtas centr** **[0]**
Willkommen im »größten Blockhaus an der Ostsee«: Das Flaggschiff der lettischen Restaurantkette *Lido* in Rīga ist vor allem bei Familien Kult. In der rustikalen Mischung aus Freizeitpark und Gaststätte kommt jeder auf den Geschmack. Das Mega-Lido steht an der Straße Richtung Daugavpils, die große Windmühle ist nicht zu übersehen. Lido betreibt eine eigene Buslinie *(A 107)*, die alle paar Minuten vom Bahnhof abfährt. *Krasta 76, Tel. 781 21 83,* **€€**

Lettischer Sommer: Macht auch Kinder ohne Haustier glücklich

Līvu Akvaparks Jūrmala **[111 E3]**
In Lettlands neuestem Spaßbad kann man locker einen ganzen Tag verbringen, ohne dass es langweilig wird. Der Līvu Akvaparks ist ein Wasserparadies der Superlative, das vom »Caribic-Wavepool« bis zu den künstlichen Stromschnellen des »Orinoko-River« 40 Attraktionen von sanft bis extrem parat hält. Krönung ist die »Ciba-Rutsche«, eine 211 m lange, verschlungene Tunnelröhre, durch die man in Gummibooten hinabsaust wie in einer Bobbahn. Natürlich gibt es auch einen ausgedehnten Nichtschwimmerbereich. *Mo–Fr 12–22, Sa/So 10–22 Uhr, Viestura 24, Jūrmala, www.akvaparks.lv, Eintritt für 2 Std.: Kinder 6–14 Jahre 2 Euro, Erwachsene 3,50 Euro*

Mežapark **[O]**

Rīgas größte und schönste Parkanlage am nördlichen Stadtrand ist bei Familien mit Kindern beliebt. Mit ihrem Mix aus Entspannung und Unterhaltung bietet die 420 ha große Anlage eine Menge: Man kann im Vergnügungspark Karussell und Minieisenbahn fahren, an einer der Eisbuden sein Taschengeld ausgeben oder einfach entlang des malerischen Kiš-Sees spazieren gehen.

Insider Tipp

Rīga vom Boot aus

Diese Art der Stadtbesichtigung macht auch Kindern Spaß. Ausflugsschiffe starten im Sommer ab 11 Uhr jeweils zur vollen Stunde von der Akmens-Brücke **[U A4]**; auch von der Vanču-Brücke am Schloss **[U B5]** legt mehrmals täglich *(ab 12.30 Uhr)* ein Boot zur »Stadtrundfahrt« auf der Daugava ab. *Kinder ca. 1 Euro, Erwachsene 2 Euro*

Zirkus **[U D4]**

Rīgas Zirkus zieht nicht mit einem Zelt herum, sondern gastiert nahe dem Bahnhof in einem Haus, in dem Kinder sichtlich willkommen sind: Die Stühle und selbst die Garderobe sind kindgerecht tief. Das Programm in der Manege ist der klassische Mix aus Artistik, Dressur und Clownerie. *Fr 18, Sa/So 12, 15 und 18 Uhr, Merķeļa 4, Kinder 40 Cent, Erwachsene 70 Cent*

Zoo **[O]**

Elche, Eisbären, Elefanten: Über 3000 Tiere leben im Rīgaer Zoo, dem einzigen des Landes. Liebling aller Rīgaer Kinder ist die junge Elefantendame Zuzite. *Tgl. 10–18, im Sommer 10–20 Uhr, Meža pr. 1, Kinder 50 Cent, Erwachsene 1,40 Euro*

VIDZEME

Bobbahn Sigulda **[112 A4]**

Mit 120 km/h rasen die Rennschlitten im Winter die Bobbahn Sigulda hinunter. Im Sommer, wenn die Profis Pause machen, dürfen Touristen es ihnen auf entschärften Rollerbobs nachmachen. So eine Abfahrt erfreut vor allem Kinder. Die Bahn, eine der modernsten der Welt, ist nicht zu übersehen. *Mai–Sept. 10–18 Uhr, Šveices 13, Kinder 40 Cent, Erwachsene 70 Cent*

Schmalspurbahn Alūksne **[113 E3]**

Alles einsteigen und Vorsicht an der Bahnsteigkante: Fast wie in alten Tagen bummelt eine Schmalspurbahn zwischen Alūksne und Gulbene durch die malerische Vidzemer Hochebene. Es ist die letzte Kleinbahn, die im Baltikum noch regelmäßig fährt, ein Abenteuer für alle kleinen und großen Eisenbahnfans. Drei Stunden braucht der Minizug für die ganze Strecke, aber unterwegs gibt's viele Haltepunkte, an denen man aussteigen kann. *Abfahrtszeiten Alūksne tgl. 7.50/19.50, Mo–Fr auch 15.20, sonn- und feiertags auch 12 Uhr, Kinder 30 Cent, Erwachsene 60 Cent, www.banitis.lv*

Wildpark Līgatne **[112 B3]**

Bären, Wisente, Luchse und Elche sind im Gauja-Nationalpark längst ausgestorben. Muss man sie halt zurückholen: In Līgatne, 20 km südöstlich von Cēsis, können Sie die einstigen Bewohner der Urwälder von Aussichtsplattformen des Wildparks fast wie in freier Wildbahn beobachten. Am Rand der Wege, die zum Schutz der Natur nicht verlassen werden dürfen, ste-

Wer trägt denn hier den schönsten Kranz zur lettischen Tracht?

hen Holzskulpturen lettischer Märchenfiguren. *Mai–Okt. tgl. 10–18 Uhr, sonst bis zur Dämmerung, Kinder 30 Cent, Erwachsene 1 Euro*

KURZEME

Aquapark Ventspils [110 B2]
Der Strand in Ventspils hat Konkurrenz bekommen. Der moderne Wasserpark mit Riesenrutsche und diversen Pools nahe der Promenade avancierte vom Fleck weg zu einem Ferienhit der Ostseestadt. Nebenan wartet das »Kinderstädtchen« auf kleine Gäste, ein großer Abenteuerspielplatz. *Tgl. 10–19 Uhr, 1,5-Std.-Ticket wochentags Kinder 40 Cent, Erwachsene 1 Euro, Sa/So Kinder 60 Cent, Erwachsene 1,30 Euro*

ZEMGALE

Märchenwald Tērvete [111 E5]
Der Wald *Kalnamuža* bei Tērvete, 30 km südwestlich von Jelgava, ist im ganzen Land berühmt. Nicht seiner uralten Kiefern, sondern der Märchenfiguren und Sagenwesen wegen, die dort als skurrile Holzskulpturen die verschlungenen Wege des Märchenwaldes bevölkern: der Waldkönig, der alte Zwerg und natürlich Maija und Paija, die Lieblingsmärchenfiguren aller lettischen Kinder aus den Geschichten von Anna Brigadēre (1861–1933). Die populäre Kinderbuchautorin, eine Art lettische Astrid Lindgren, lebte in Tērvete. Ihr Haus *Sprīdīži* am Rand des Parks ist heute *Museum (Mai–Dez. Di–So 11–17 Uhr, Kinder 40 Cent, Erwachsene 1 Euro)*. In dem wundervollen Park von Tērvete lässt es sich einen ganzen Tag aushalten. Ein Geflecht von thematischen Wanderwegen verbindet verschiedene Waldlandschaften miteinander, vom Sonnenpark mit alten knorrigen Eichen und Birken über den Silberhain bis zum märchenhaften Zwergenland.

Angesagt!

Was Sie wissen sollten über Trends, die Szene und Kuriositäten in Lettland

Mode aus Rīga

Ein Labor extravaganter Mode war Rīga schon zu Sowjetzeiten, doch seit das Land frei ist, explodierte die kreative Branche geradezu. Lettische Edelschneider wie Asnāte Smeltere präsentieren ihre Kollektionen selbstbewusst auf eigenen Laufstegen, etwa während der jährlichen Rīgaer Avantgarde-Modewoche. Es sind die Einflüsse der vielen Kulturen im Spannungsfeld von Ost und West, aus denen der lettische Fashionmix schöpft. Auch baltische Ethnotraditionen werden gern verarbeitet. Lettlands Metropole ist auf dem besten Weg, zum Modesalon der Ostseeländer aufzusteigen.

Moderne Dainas

Singen ist in Lettland Volkssport, doch junge Leute stehen nicht nur auf Dainas. Ihre Stars heißen *New Moon*, *Bet-Bet* und natürlich *Marie N*, European-Song-Contest-Siegerin. Ähnlich populär ist die Band *Brainstorm* mit dem charismatischen Sänger Renars Kaupers. Die lebendige heimische Musikszene reicht von soft bis heavy. International hat sich die lettische Neofolkloreband *Iļgi* in der World-Music-Szene einen Namen mit modernen Formen alter Dainas gemacht.

Eishockey

Lettlands Nationalsportart steht bei manchem Anhänger im Rang einer Religion. Spiele der Nationalmannschaft sind Straßenfeger, und wenn das in Rot-Weiß-Rot auflaufende Team im Ausland antritt, pilgern stets Tausende Fans hinterher. Nicht ohne Grund vergab der Eishockeyweltverband die WM 2006 an Lettland. Lettische Jungstars träumen von Karrieren in Kanada und den USA, wo manche ihrer Landsleute wie Sandis Ocoliens schon spielen.

Bunte Torten

Rīgaer Konditoren sind überaus kreativ: Mancher pink-lila-grünen Tortenkreation mag man kaum abnehmen, dass sie essbar ist. Auch bei den Motiven fällt den Meistern immer wieder etwas Neues ein, von aufgespritzten Fotos bis zum aktuellen Harry-Potter-Motiv, passend zum Filmstart natürlich. Mit einer gewöhnlichen Schwarzwälder Kirsch sammelt bei Rīgas verwöhnter Kuchenkundschaft niemand mehr Punkte.

Von Anreise bis Zoll

Hier finden Sie kurz gefasst die wichtigsten Adressen und Informationen für Ihre Lettlandreise

ANREISE

Auto

Empfohlene Route: auf der gut ausgebauten *Via Baltica* (E 67) von Warschau aus über Białystok/Suwałki und den polnisch-litauischen Grenzübergang Budzisko-Kalvarija weiter via Kaunas, Panevėžys und den litauisch-lettischen Grenzübergang Saločiai/Rupuļi in Richtung Rīga. Alternativ können Sie von Kaunas auch über Ukmergė in Richtung Daugavpils (Smelinė-Vikumiests), über Šiauliai (Plikiškiai-Eleja) oder über Klaipėda (Butingė-Gigas) nach Lettland einreisen. Die Grenzabfertigung läuft meist zügig und problemlos.

Bahn

Ein direkte Zugverbindung nach Rīga gibt es täglich ab Berlin-Lichtenberg (Fahrzeit ca. 28 Std.), auch der Nachtzug nach Vilnius führt einen Kurswagen nach Rīga, eine einfache Fahrt im Schlafwagen kostet ab ca. 140 Euro.

Fähre

Autofähren verkehren zwei- bis viermal wöchentlich auf den Strecken Lübeck–Rīga, Rostock–Liepāja und Travemünde–Ventspils. Im Winter Einschränkungen bei Eisgang. Fahrzeit: 25–35 Std. In der Hauptsaison kostet eine einfache Passage Lübeck–Rīga ohne Kabine 50, mit Zweibettkabine 224 Euro, mit Auto nochmal 80 Euro mehr. Einen aktuellen Überblick über alle Fährverbindungen (auch von und nach Skandinavien) gibt's bei *Rīga Sea Line, Tel. 00371/720 54 60, Fax 720 54 61, www.rigasealine.lv* oder auf *www.baltikum24.de.*

Flug

Lettlands nationale Fluggesellschaft *Airbaltic* fliegt Rīga von Berlin, Hamburg, Köln, München, Stuttgart und Wien aus an, die *Lufthansa* tgl. ab Frankfurt. Die Flüge kosten ab 490 Euro. Auch einige Billigflieger haben Lettlands Hauptstadt ab 24 Euro pro Flug im Programm: *Easyjet* startet tgl. von Berlin-Schönefeld, *Ryanair* von Frankfurt-Hahn. Die polnische *Lot* bietet dreimal wöchentlich Verbindungen ab Frankfurt, man kann auch separat nach Warschau fliegen und von dort mit *Lot* weiter nach Rīga. Aktueller Flugplan: *www.riga-airport.com*

AUSKUNFT

In Deutschland

Baltikum Tourismus Zentrale, Katharinenstr. 19, 10711 Berlin, Tel. 030/89 00 90 91, Fax 89 00 90 92, www.gobaltic.de

In Lettland
Lettisches Fremdenverkehrsamt (Latvias turisma attistibas agentura), Pils laukums 4, 1050 Rīga, Tel. 722 99 45, Fax 708 53 93, oder Smilsu 4, Tel. 722 46 64, Fax 722 46 65, www.latviatourism.lv. In allen größeren Orten Lettlands finden Sie zudem *TIC (Turisma informacijas centrs)*, erkennbar am internationalen grün-weißen »i«-Signet.

AUTO

Höchstgeschwindigkeit: Autobahn 110 km/h, Landstraße 90 km/h, innerorts 50 km/h. Viele Radarkontrollen! In Lettland muss tagsüber mit Abblendlicht gefahren werden. Die Promillegrenze liegt bei 0,5. Die Ampelschaltung (Grün blinkt zehn Sekunden vor Umschalten auf Gelb) ist ein Relikt aus Sowjetzeiten, bei Gelb nie mehr fahren!

Autobahnen hat Lettland kaum, nur rings um Rīga sind die Straßen streckenweise vierspurig ausgebaut. Fernstraßen sind in gutem Zustand, in der Provinz gehen Nebenstrecken aber oft in Schotterpisten über. Da hilft nur langsam fahren. Vielerorts werden die unbefestigten Wege mittlerweile asphaltiert. Details: *www.balticroad.net.* Moderne Tankstellen gibt's genügend und bleifreies Benzin überall (Normalbenzin: 95, Super: E 98). *Pannenhilfe: Automobilklub LAMB, Tel. 800 00 00 oder 188 (mobil).*

BANKEN & KREDITKARTEN

Alle gängigen Kredit- und EC-Karten werden akzeptiert, größere Banken lösen auch problemlos Reiseschecks ein. Geldautomaten (EC, Master, Visa, Eurocard) finden Sie in jeder Stadt.

www.marcopolo.de

Im Internet auf Reisen gehen

Mit über 10 000 Tipps zu den beliebtesten Reisezielen ist MARCO POLO auch im Internet vertreten. Sie wollen nach Paris, auf die Kanaren oder ins australische Outback? Per Mausklick erfahren Sie unter www.marcopolo.de Wissenswertes über Ihr Reiseziel. Zusätzlich zu den Informationen aus den Reiseführern bieten wir Ihnen online:

- das *Reise Journal* mit aktuellen News, Artikeln, Reportagen
- den *Reise Service* mit Routenplaner, Währungsrechner und Compact Guides
- den *Reise Markt* mit Angeboten unserer Partner rund um das Thema Urlaub

Es lohnt sich vorbeizuschauen: Wöchentlich aktualisiert, gibt es immer wieder Neues zu entdecken. Bleiben Sie auf dem Laufenden mit unserem E-Mail-Newsletter, den Sie kostenlos abonnieren können!

DIPLOMATISCHE VERTRETUNGEN

Deutsche Botschaft
Raiņa bulv. 13, 1050 Rīga, Tel. 722 90 96, Fax 782 02 23, www.deutschebotschaft-riga.lv

Österreichische Botschaft
Elizabetes 21a-11, 1010 Rīga, Tel. 721 61 25, Fax 721 44 01, austrian.embassy@mailbox.riga.lv

Schweizerisches Konsulat
Elizabetes 2, 1340 Rīga, Tel. 733 83 51, Fax 733 83 54, vertretung@rig.rep.admin.ch

EINREISE

Für EU-Bürger (ab 16 Jahre) genügt der Personalausweis oder Reisepass, der bei Einreise noch drei Monate gültig sein muss. Wer länger als 90 Tage im Jahr in Lettland bleiben will, benötigt eine Aufenthaltsgenehmigung.

GESUNDHEIT

In Lettland gilt die Europäische Krankenversicherungskarte. Wer noch keine hat, kann sich vor Abreise bei seiner Krankenkasse eine Übergangsbescheinigung ausstellen lassen. Man muss die Behandlung in Lettland zunächst bezahlen, die Krankenkasse erstattet zu Hause den Betrag. Das gilt aber nicht für alle Leistungen. Ratsam ist daher eine Auslandsreisekrankenversicherung.

Sind Sie in der Natur unterwegs, empfiehlt sich eine Zeckenschutzimpfung (FSME). Gut eindecken sollten Sie sich mit Mückenschutzmittel, denn die Plagegeister lauern in Lettlands Natur in riesiger Zahl.

INTERNET

Es gibt eine Vielzahl gut gemachter Websites über Lettland. Touristische Informationen: *www.rigatourism.com*, *www.openlatvia.lv*. Zu einzelnen Regionen: *www.kurzeme.lv*, *www.vidzeme.lv*. Empfehlenswert außerdem: *www.riga800.lv* (informative Hauptstadtseite), *www.latviaphotos.com* (riesige Fotogalerie, Museums- und andere Tipps), *www.traveller.lv* (Urlaub auf dem Land), *www.muzejs.lv* (Lettlands Museen im Überblick), *www.allhotels.lv*, (Hotels und viele Restaurants), *www.webcamera.lv*, *www.viewlatvia.com* (Liveblicke), *www.ratgeber-lettland.de* (nützliche Suchmaschine), *www.hostellinglatvia.com* (Jugendherbergsverband), *www.ezi.lv* (Ökotourismus)

INTERNETCAFÉS

Viele Internetcafés finden Sie in Rīga, z. B.: *Dualnet, durchgehend geöffnet, Peldu 17, 1,50 Euro/Std.*; *Internet Klubs, schnelle Leitungen, 20 Computer, junges Publikum, tgl. 10–24 Uhr, Kaļķu 10, 2,50 Euro/Std.*; *Delat, 14 Computer, durchgehend geöffnet, Baznīcas 4 a, 1,50 Euro/Std.*

LITERATUR

Alexander Schmidt: »Geschichte des Baltikums – von den alten Göttern bis zur Gegenwart«; Heide-Lydia Schmidt: »Der idiotische Mond«, lettische Gegenwartsprosa; Jānis Rainis: »Der Sonnenthron«, ausgewählte Lyrik des lettischen

Nationaldichters; Werner Bergengruen: »Von Rīga nach anderswo«, gesammelte Erzählungen und Erinnerungen.

MIETWAGEN

In Rīga sind alle großen internationalen Mietwagenfirmen vertreten, die meisten betreiben Filialen am Flughafen. Die Mietpreise liegen etwas über dem westeuropäischen Durchschnitt. Günstiger sind meist lokale Anbieter *(www.car4rent.lv, www.rentacar.times.lv, www.easyrent.lv)*. Weitere Angebote für Autovermietungen finden Sie unter *www.marcopolo.de*.

NOTRUFE

Feuerwehr *Tel. 01*, Polizei *Tel. 02*, Krankenwagen *Tel. 03*.

ÖFFENTLICHE VERKEHRSMITTEL

Hauptverkehrsmittel in Lettland ist der Bus, damit kommt man überall hin. Jeder größere Ort hat einen Busbahnhof, an dem man Gepäck aufbewahren kann und die Tickets kauft. Bei längeren Strecken empfiehlt es sich, die Fahrkarte mit Platzreservierung einige Tage vor der geplanten Fahrt zu ordern. Der Rīgaer Busbahnhof liegt neben dem Bahnhof *(Prāgas 1, Tel. 900 00 09, tgl. 5–24 Uhr, www.auto osta.lv)*. Busse fahren auch im internationalen Verkehr, unter anderem nach Vilnius und Tallinn *(www.euro lines.lv)*.

Der Stadtverkehr in Rīga ist sehr gut ausgebaut. Neben einem Netz aus acht Straßenbahn-, 39 Bus- und 23 Trolleybuslinien sind rund um die Uhr Kleinbusse als Streckentaxis *(maršruta)* unterwegs, die auf Bedarf halten: Fahrpreis (0,2 Ls.) direkt beim Fahrer oder beim Konduktors bezahlen. Rīga-Fahrplan für Bus und Tram: *www.ttp.lv*

€	Ls.
1	0,70
2	1,40
5	3,50
7	4,90
12	8,40
15	10,50
23	16,10
37	25,90
50	35,00

Ls.	€
10	14,30
17	24,31
25	35,75
33	47,19
52	74,36
78	111,54
125	178,75
168	240,24
200	286,00

ÖFFNUNGSZEITEN

Ein Ladenschlussgesetz gibt's in Lettland nicht. Geschäfte sind in der Regel Mo–Fr 10–19, Sa bis 17 Uhr geöffnet, Supermärkte tgl. 8–22, oft gar bis 24 Uhr. Postämter und Banken Mo–Fr 8 (9)–17 Uhr, Wechselstuben tgl. 10–20 Uhr. Gaststätten öffnen in aller Regel tgl., meist um 10 oder 11 Uhr. Feierabend ist in Cafés um 22 Uhr, in Restaurants um 23 Uhr, zur offiziellen Sperrstunde. Die Küche macht eine Stunde früher Feierabend. In Rīga allerdings sind viele Kneipen bis 2 oder 3 Uhr nachts geöffnet.

POST

Postkarten und Briefe nach Westeuropa kosten 20 bzw. 30 Santimi. Ein Brief nach Deutschland ist etwa vier Tage unterwegs. Das Zentralpostamt *(Latvijas Pasts)* in Rīga liegt nahe dem Freiheitsdenkmal am *Brīvības bulv. 19, Mo–Fr 7–22 Uhr, Sa/So 8–20 Uhr*, eine große Filiale am Hauptbahnhof, *Stacijas laukums 1, Mo–Fr 8–20, Sa 8–18, So 8–16 Uhr, www.pasts.lv.*

PREISE & WÄHRUNG

Die Landeswährung ist der Lats (Ls.), Mehrzahl Lati. 1 Lats = 100 Santimi. Der Lats ist mit einem festen Wechselkurs an den Euro gebunden. Er liegt bei 1 Euro = 0,70 Ls. Geringe Tagesabweichungen je nach Tauschgebühren sind möglich. Banken und Wechselstuben *(Valutas maiņa)* finden Sie in jeder Stadt. Das allgemeine Preisniveau in Lettland liegt deutlich unter dem des Westens. Eine Ausnahme bilden Rīga und Jūrmala. Kultur kostet wenig. Eintrittspreise in Museen liegen um 3 Euro, oft darunter. Selbst für die hochkarätige Nationaloper sind Karten nicht teurer als 15 Euro.

REISEZEIT & WETTER

Die Jahreszeiten sind sehr ausgeprägt. Die schönste Zeit für eine Lettlandreise liegt zwischen Mai und Oktober. Im Sommer, spürbar vom Festlandklima beeinflusst, kann es heiß werden. Die Ostsee erwärmt sich trotzdem recht spät, erreicht im August in Ufernähe bisweilen über 20 Grad. Legendär und ideal zum Wandern ist der baltische Herbst, wenn die Wälder in allen Farben leuchten. Die Winter sind schneereich und kalt, nicht selten flimmert nachts das Nordlicht.

SICHERHEIT

Die Horrorgeschichten über die Kriminalität in Osteuropa sind im Allgemeinen übertrieben, und dies gilt auch für Lettland. Wenn Sie die üblichen Vorsichtsregeln beachten, dann können Sie sich so sicher wie zu Hause fühlen. Das Auto möglichst auf bewachten Parkplätzen abstellen und keine Wertsachen im Wagen lassen.

TAXI

Lizenzierte Taxis haben spezielle gelbe Nummernschilder, achten Sie außerdem auf das eingestellte Taxameter. Der offizielle Taxitarif beträgt tagsüber 30 Santimi pro Kilometer, von Mitternacht bis 6 Uhr früh 40 Santimi. Seriöse Taxifirmen in Rīga: *Bona-Taxi (Tel. 800 50 50)*, *Rīga-Taxi (Tel. 800 10 10)*, *Taksometrū Parks (Tel. 800 13 13)*.

TELEFON & HANDY

Internationale Vorwahl für Lettland: *00371*. Das lettische Telefon-

Was kostet wie viel?

Busfahrt	**30 Cent** für eine Fahrkarte im Stadtbereich
Bier	**60 Cent** für 0,5 l einer heimischen Marke
Kaffee	**50 Cent** für eine Tasse im Café
Fahrrad	**10–15 Euro** Leihgebühr pro Tag
Benzin	**95 Cent** für einen Liter Super
Brot	**60 Cent** für ein Roggenbrot

netz ist auf digitalen Standard umgestellt worden. Die jeweilige Ortsvorwahl ist jetzt in die (nun siebenstellige) Rufnummer integriert. Noch gibt es auch analoge (sechsstellige) Anschlüsse. Ganz leicht ist es von digital an digital: einfach die Rufnummer wählen, um ein Handy zu erreichen, die »9« vorweg. Von digital an analog: Erst die »2«, dann die sechsstellige Rufnummer. Von analog an digital: Erst die »1« wählen, Dauerton abwarten, dann die siebenstellige Rufnummer.

Telefonzellen funktionieren mit Telefonkarten, die man bei der Post, an Tankstellen und Kiosken kauft. Ferngespräche ins Ausland: 00 oder + wählen, dann die Landesvorwahl (Deutschland *49*, Schweiz *41*, Österreich *43*), dann Ortsvorwahl ohne Null und Rufnummer. Das Mobilfunknetz ist auf Westniveau (GSM), alle Betreiber bieten auch Prepaid-Karten an. Deutsche Handys funktionieren tadellos, aber fassen Sie sich kurz: Der Roamingservice ist teuer (bis 3 Euro pro Minute). Telefonauskunft (engl.): *118*.

ZEIT

Im Baltikum gilt die Osteuropäische Zeit, die der Mitteleuropäischen Zeit um eine Stunde voraus ist.

ZOLL

Lettlands Zollvorschriften entsprechen den EU-Bestimmungen. Zollfrei ein- und ausführen dürfen Sie u. a. 10 l Spirituosen, 90 l Wein, jedoch nur 200 Zigaretten. Für Kunstwerke und Antiquitäten, die älter als 50 Jahre sind, brauchen Sie eine Ausfuhrgenehmigung.

Wetter in Rīga

	Jan.	Feb.	März	April	Mai	Juni	Juli	Aug.	Sept.	Okt.	Nov.	Dez.
Tagestemperaturen in °C	–2	–2	2	9	16	19	22	21	16	10	4	0
Nachttemperaturen in °C	–8	–8	–5	1	5	9	12	11	8	3	–1	–5
Sonnenschein Std./Tag	1	2	5	7	9	9	9	8	6	3	1	1
Niederschlag Tage/Monat	19	15	12	13	12	13	14	15	16	16	17	18
Wassertemperaturen in °C	1	0	1	2	7	12	16	17	14	10	7	4

Vai tu runā latviski?

»Sprichst du Lettisch?«
Dieser Sprachführer hilft Ihnen, die wichtigsten Wörter und Sätze auf Lettisch zu sagen

ā, ē, ī, ū werden immer lang ausgesprochen
č wie deutsches »tsch«
ķ weich gesprochen, etwa wie »kj«
ļ weich, wie »lj« in Aljoscha
ņ weich gesprochen wie »gn« in Champagner
š wie »sch«
ž stimmhaftes »sch« wie »g« in Garage

AUF EINEN BLICK

Ja/Nein	Jā/Nē
Vielleicht	Varbūt
Bitte	Lūdzu
Danke	Paldies
Gern geschehen.	Labprāt
Entschuldigung!	Atvainojiet!
Schade!	Žēl!
Wie bitte?	Kā lūdzu?
Ich verstehe Sie/dich nicht.	Es jūs/tevi nesaprotu.
Können Sie mir bitte helfen?	Lūdzu, vai jūs man nepalīdzētu?
Guten Morgen!	Labrīt!
Guten Tag!	Labdien!
Guten Abend!	Labvakar!
Hallo! Grüß dich!	Sveici!
Mein Name ist .../	Mani sauc ...
Wie ist Ihr Name?	Kā jūs sauc?
Woher kommen Sie/ kommst du?	No kurienes jūs nākat/ tu nāc?
Ich komme aus ...	Es nāku no ...
... Deutschland.	... Vācijas.
... Österreich.	... Austrijas.
... der Schweiz.	... Šveices.
Auf Wiedersehen!	Uz redzēšanos!
Tschüss!	Visu labu!
Hilfe!	Palīgā!
Rufen Sie bitte ...	Lūdzu, izsauciet....
... einen Krankenwagen.	... ātro palīdzību.
... die Polizei.	... policiju.

UNTERWEGS

Bitte, wo ist …	Lūdzu, kur atrodas…
… der Bahnhof?	… autoosta?
… der Flughafen?	… lidosta?
… die Haltestelle?	… pietura?
… der Taxistand?	… taksometru stāvvieta
Bus/Fähre/Zug	autobuss/prāmis/vilciens
Wo kann ich einen Fahrschein kaufen?	Kur es varu nopirkt biļeti?
Können Sie mir bitte sagen, wie ich nach … komme?	Sakiet lūdzu, kā es varu nokļūt …?
Gehen Sie geradeaus.	Ejiet taisni uz priekšu.
Gehen Sie nach links/rechts.	Ejiet pa kreisi/pa labi.
Erste/Zweite Straße links/rechts.	Pirmajā/otrajā ielā pa kreisi/pa labi.
Überqueren Sie …	Šķērsojiet …
… die Brücke.	… tiltu.
… den Platz.	… laukumu.
… die Straße.	… ielu.
Ich möchte … mieten.	Es vēlos nomāt …
… ein Auto …	… auto
… ein Fahrrad …	… divriteni
… ein Boot …	… laivu
offen/geschlossen	atvērts/slēgts
drücken/ziehen	grūst/vilkt
Eingang/Ausgang	ieeja/izeja
Wo sind die Toiletten?	Kur ir tualetes?
Damen/Herren	dāmas/kungi

SEHENSWERTES

Ist das …?	Vai tā ir …?
Wann ist das Museum geöffnet?	Kad muzejs ir atvērts?
Wann beginnt die Führung?	Cikos sāksies gides vadītā apskate?
Altstadt	vecpilsēta
Ausstellung	izstāde
Besichtigung	apskate
Denkmal	piemineklis
Gottesdienst	dievkalpojums
Kirche	baznīca
Naturschutzgebiet	dabas aizsardzības zona
Palast	pils
Rathaus	rātsnams, dome
Stadtplan	pilsētas plāns
Stadtrundfahrt	ekskursijas pa pilsētu

Stadtzentrum	pilsētas centrs
Theater	teatr

Datums- & Zeitangaben

Montag	pirmdiena
Dienstag	otrdiena
Mittwoch	trešdiena
Donnerstag	ceturtdiena
Freitag	piekdiena
Samstag	sestdiena
Sonntag	svētdiena
heute/morgen	šosdien/rītdien
gestern	vakar
täglich	katru dienu
Wie viel Uhr ist es?	Cik ir pulkstens?
Es ist 3 Uhr.	Pulkstens ir trīs.
Es ist halb 3.	Pulkstens ir pus trīs.
Es ist Viertel vor 3.	Pulkstens ir piecpadsmit pirms trijiem.
Es ist Viertel nach 3.	Pulkstens ir piecpadsmit pēc trijiem.

Essen & Trinken

Ist dieser Tisch/Platz noch frei?	Vai šis galds ir brīvs? Vai šī vieta it brīva?
Die Speisekarte, bitte.	Lūdzu, ēdinkarti!
Ich nehme …	Es vēlos …
Bitte ein Glas …	Lūdzu atnesiet glāzi …
Besteck	naži, dakšas, karotes
Messer/Gabel/Löffel	nažis/dakša/karote
Vorspeise	uzkoda
Hauptgericht	siltie ēdieni
Nachspeise	saldais ēdiens
Salz/Pfeffer	sāls/pipari
Scharf	ass
Ich bin Vegetarier/in.	Esmu vegetārietis/vegetāriete.
Auf Ihr Wohl!	Uz jūsu veselību!
Trinkgeld	dzeramnauda
Die Rechnung, bitte.	Rēķinu, lūdzu!

Einkaufen

Wo finde ich …	Sakiet, lūdzu, kur atrodas...
… eine Apotheke?	… aptieka?
… eine Bäckerei?	… maizes veikals?
… ein Kaufhaus?	… universālveikals?
… ein Lebensmittelgeschäft?	… pārtikas veikals?

… einen Markt?	… tirgus?
Haben Sie …?	Vai jums ir …?
Ich möchte …	Es vēlētos …
Ein Stück hiervon, bitte.	Lūdzu gabalu no šī.
Eine Einkaufstüte, bitte.	Maisiņu, lūdzu.
Das gefällt mir (nicht).	Tas mani apmierina (neder).
Wie viel kostet es?	Cik tas maksā?
Nehmen Sie Kreditkarten?	Vai varu maksāt ar kreditkarti?

ÜBERNACHTEN

Ich habe bei Ihnen ein Zimmer reserviert.	Esmu pie jums rezervējis istabu.
Haben Sie noch Zimmer frei?	Vai jums ir brīvs numurs?
ein Einzelzimmer	numurs vienvietīgs
ein Doppelzimmer	numurs divvietīgs
mit Dusche/Bad	ar dusu/vannu?
Was kostet das Zimmer?	Cik numurs maksā?
Frühstück	brokastis
Halbpension/Vollpension	puspansija/pilna pansija

PRAKTISCHE INFORMATIONEN

Können Sie mir einen Arzt empfehlen?	Vai jūs man variet ieteikt kādu labu ārstu?
Ich habe hier Schmerzen.	Man sāp te.
Ich habe Durchfall.	Man ir caureja.
Kinderarzt	bērnu ārsts
Zahnarzt	zobārsts
Eine Briefmarke, bitte.	Viena pastmarka, lūdzu.
Postkarte	atklātne
Wo ist bitte …	Sakiet lūdzu kur ir …
… die nächste Bank?	… tuvākā banka?
… der nächste Geldautomat?	… tuvākais bankomāts?

ZAHLEN

1	viens	11	vienpadsmit
2	divi	12	divpadsmit
3	trīs	20	divdesmit
4	ccetri	50	piecdesmit
5	pieci	100	simt
6	seši	200	divsimt
7	septiņi	500	piecsimt
8	astoņi	1000	tūkstotis
9	deviņi	1/2	puse
10	desmit	1/4	ceturtdaļa

Reiseatlas Lettland

Die Seiteneinteilung für den Reiseatlas finden Sie auf dem hinteren Umschlag dieses Reiseführers

Mit freundlicher Unterstützung von

kein urlaub ohne
holiday
autos

www.holidayautos.com

A B C

anzeige

sie wollen mehr sehen im urlaub?

dann buchen sie einen mietwagen von holiday autos.
zu alles inklusive preisen. buchen sie in ihrem reisebüro,
unter www.holidayautos.de oder telefonisch unter
0180 5 17 91 91 (12 ct/min)

kein urlaub ohne
holiday
autos

Kartenlegende Reiseatlas

18 26	Autobahn mit Anschlussstellen Motorway with junctions
	Autobahn in Bau Motorway under construction
	Mautstelle Toll station
	Raststätte mit Übernachtung Roadside restaurant and hotel
	Raststätte Roadside restaurant
	Tankstelle Filling-station
	Autobahnähnliche Schnellstraße mit Anschlussstelle Dual carriage-way with motorway characteristics with junction
	Fernverkehrsstraße Trunk road
	Durchgangsstraße Thoroughfare
	Wichtige Hauptstraße Important main road
	Hauptstraße Main road
	Nebenstraße Secondary road
	Fernverkehrsbahn Main line railway
	Autozug-Terminal Car-loading terminal
	Bergbahn Mountain railway
	Kabinenschwebebahn Aerial cableway
	Sessellift Chair-lift
	Eisenbahnfähre Railway ferry
	Autofähre Car ferry
	Schifffahrtslinie Shipping route
	Landschaftlich besonders schöne Strecke Route with beautiful scenery
Alleenstr.	Touristenstraße Tourist route
XI-V	Wintersperre Closure in winter
	Straße für Kfz gesperrt Road closed to motor traffic
8%	Bedeutende Steigungen Important gradients
	Für Wohnwagen nicht empfehlenswert Not recommended for caravans
	Für Wohnwagen gesperrt Closed for caravans
Kósciol farny	Sehenswürdigkeit Object of interest
	Badestrand Bathing beach
	Besonders schöner Ausblick Important panoramic view
	Ausflüge & Touren Excursions & tours
	Nationalpark, Naturpark National park, nature park
	Sperrgebiet Prohibited area
	Kirche Church
	Moschee Mosque
	Kloster Monastery
	Schloss, Burg Palace, castle
	Ruinen Ruins
	Leuchtturm Lighthouse
	Turm Tower
	Höhle Cave
	Ausgrabungsstätte Archaeological excavation
	Feriendorf Tourist colony
	Motel Motel
	Jugendherberge Youth hostel
	Allein stehendes Hotel Isolated hotel
	Berghütte Refuge
	Campingplatz Camping site
	Flughafen Airport
	Flugplatz Airfield
	Staatsgrenze National boundary
	Verwaltungsgrenze Administrative boundary
	Grenzkontrollstelle Check-point
	Grenzkontrollstelle mit Beschränkung Check-point with restrictions
PARIS	Hauptstadt Capital
MARSEILLE	Verwaltungssitz Seat of the administration

A
B
C
1
2
3
4
5
6
20 km
Baltijas Jūra
Irbeni väin
Västervik
Kiel, Lübeck
Slīteres nacionālis parks
Kolka
Saunags
Pitrags
Mazirbe
P124
P131
Sīkrags
Lielirbe
Mikeltornis
Lužna
Ovišu rags
Oviši
Stāvkrasts
Liepene
Circeni
Staldzene
Ventspils
Rinda
Vede
Ance
Trumpji
P125
Cirsti
Mūņi
Puiškalni
Dundaga
Kurbēn
Dravnieki
Čegi
Ceģi
Ciruli
Dzirti
Pope
A10
E22
Targale
Talsnieki
Irši
Blāzma
Krūmkalni
Saulsvāles
Ugāle
Rūmnieki
Talsi
Vārve
Vanagi
Lēči
Dampeļi
P108
Piltene
P123
Spāre
Gibuļi
P120
Silmalas
Kaktiņi
Laigzesciems
Cirkale
Rāmnieki
Usmas ezers
Stende
Jaunpagast
Žiras
Sārnate
Muči
Zlēkas
Dižtaļcenieki
Renda
P111
Lūši
Lēpicas
Nabas ezers
Brieži
Ozolmuiža
Riežupes d.p.
Pedvāle
Jūrkalne
Ēdole
Buri
Lizes
Kuldīga
Zemnieki
Kabile
Matkule
Alsunga
Brūni
Ventas rumba
P121
Griki
Pāvilosta
Ulmale
Pievikas
Birži
Vilgales ezers
Novadnieki
Austrumkurzemes augstiene
Saka
Stokmaņi
P112
Vilgaleskrogs
Renči
Abeles
Zuteņi
Jaunmuiža
Akmensrags
Apriki
Kikuri
Lejaskrogs
Lielsati
Lankas
Cildi
Rude
Plūči
Ziemupe
Cīrava
Liepukalni
Aizpute
Kazdanga
Valtaiķi
Loči
Upites
Vērgale
Skrunda
Zirņi
Brocēni
Rāva
Cerini
Arotiņi
Saldus
Tašu ezers
Tosmares ezers
Durbe
Durbes ezers
Kalvene
Rudbārži
Girtiņi
A9
100
Dzelzgale
Jaunāmuiža
P116
Pauļi
Grobiņa
Liepāja
Krote
Zana
Tadaiķi
P106
Ozoli
Embūte
Veckalēji
Pampāļi
P105
P107
Silenieki
Upenieki
Kursīši
Priekule
Vārke
Vaiņode
Nīgrande
Liepājas ezers
P113
Pukuļi
P114
Lapenes
Piķeliai
Ezere
Veclikuļi
Bernāti
Rudes
Krūte
Juzepi
Laižuva
Nīca
Mazkrūts
Plostagals
Strėliškiai
Židikai
Mažeikiai
Purvėnai
Jūrmalciems
Jēčukrogs
Narvydžiai
Gedrimai
Ukrinai
170
Kūpu kalns
A11
Skuodas
Aleksandrija
Pašilė
Tirkšliai
Paklupys
Lenkimai
Daukšiai
Mosėdis
Raudoniai
164
Užliekne
Viekšniai
Svirkančiai
Pape
Rucava
Barstyčiai
Seda
Senoji Ipiltis
Sates
Žemaičių Kalvarija
Plinkšės
194
Grūšlaukė
Salantai
Orvydy
Žemaitijos nacionalinis parkas
161
Nevarėnai
Tryškiai
Karlshamn
Rostock
LATVIA
LIE

D
E
F
1
2
3
4
5
6
Ruhnu
Ruhnu saar
Rīgas līcis
Vidzemes jūrmala
Kuiviži
Salacgrīva
Salaca
Kirbiži
Tūja
Dunte
Zvejniekciems
Saulkrasti
Pabaži
E67
A1
Lilaste
Carnikava
Mežciems
P1
Vecāki
Baltezers
Jaunciems
Ādaži
Gauja
A2
Ķīšezers
Etnogrāfiska
Roja
Kaltene
Dārte
Šķēde
P127
Mērsrags
Vandzene
Krievragciems
Engures ezers
Engures ezera dabas parks
Plavmuiža
Nurmuiža
Bērzciems
Dursupe
Engure
Zentene
Cēre
Lamiņi
Plieņciems
Apšuciems
Klapkalnciems
P128
Ragaciems
Kandava
Sveice
Milzkalne
Jaunmoku pils
Tukums
Šlokenbeka
Ķemeru nacionālais parks
Ķemeri
Jūrmala
Pumpuri
Rīga
Babītes ezers
Saurieši
Šķirotava
Salaspils
A4
Saulkalne
Sāti
Grenči
P121
Irlava
Skapji
A10
E22
A9
Slampe
Lielupe
Rasas
Baloži
Ķekava
A5
Spirgus
P95
Kalnciems
Olaine
Viesata
Viesāti
P104
Džūkste
Mīsa
Pēternieki
Baldone
E77
Jaunpils
Tiltiņi
Springi
Pienava
Piena va
Livbērze
Ozolnieki
Jelgava
A8
Bērzupe
A7
Zvirgzde
Blidiene
Dobele
P93
Iecava
Zebres ezers
Zebrene
Svēte
P94
Stalģene
P103
Krimūnas
Vircava
Ile
Sesava
Āboliņi
Auce
Lielauces ezers
Lielauces saimn
Zaļenieki
Platone
Raiņi
Code
P84
Ķevele
Auce
Bēne
Kalnamuiža
Tērvete
Meža ainavu parks
Vilce
Oglaine
Mežotne
Vitiņi
Svēte
Vairogi
Bauska
Cērpaine
Robežnieki
Eleja
Pilsrundāle
Memele
Vilaiciai
Ukri
Drostutaičiai
Berzi
Naujoji Akmenė
Žagarė
Skaistgirys
Kriukai
Adžūni
Uzvara
Daunoriškes
Skilvioniai
Kemėnai
Alkiškiai
Kruopiai
Dameliai
Skakai
Žeimelis
Mūša
Rudausiai
Jurdaičiai
Joniškis
Akmenėliai
Jauneikiai
Žadeikoniai
Barvydžiai
Kinkiai
Trumpaičiai
Degesiai
Vaškai
Papilė
Šarkiai
Piktuižiai
Dargiai
A12
Ivoškiai
Gasčiūnai
Ūdekai
Guostagalis
Tetirvinai
Binėnai
Šiupyliai
Gruzdžiai
Jauniūnai
Triškoniai
Linkuva
155
Nikančiai
Saboniai
Pasvalys

A
B
C
1
2
3
4
5
6
Häädemeeste
Mõisaküla
Karksi-Nuia
Pori
Kabli
Urissaare
Nigula
Sookuninga
Lanksaare
Jäärja
Ala
Lilli
Tõrva
Majaka
Vilpulka
Holdre
Jõgev
Treimani
Rūjiena
Ainaži
Rozēni
Mazsalaca
Naukšēni
Staicele
Sēļi
Ērgeme
Kuiviži
Austrumi
Valka
Salacgrīva
Aloja
Burtnieku ezers
Lugaži
Dauksti
Vilzēni
Matīši
Mācīte
Rencēni
Ēvele
Sauļi
Zile
Kirbiži
Pāle
Puikule
Lizdēni
Seda
Strenči
Ozoli
Vilkene
Dikļi
Vadzi
Jaunklidzi
Vijciem
Zilaiskalns
Valmiera
Brenguļi
Trikāta
Tūja
Limbaži
Umurga
Lielezers ezers
Rubene
Bilsk
Liepupe
Vaidava
Smiltene
Dunte
Rozula
Blome
Mārsnēni
Liela Ellite
Straumes
Plācis
Ungurmuiža
Mandagas
Vidriži
Straupe
Ergļu klintis
Rauna
Zvejniekciems
Gaujas
Lēdurga
Lielstraupe
Saulkrasti
nacionālais
Cēsis
Veselava
Pabaži
Biriņi
Inčiems
Kārļi
Araiši
Drusti
Līgatne
Zvārtas iezis
parks
Jēriki
Rāmuļi
Dikļi
Dzērbene
Ragana
Līgatne
Turaida
Čikši
Jaunpi
Sigulda
Taurene
Vangaži
Inčukalns
Abru
Skujene
Gauja
Alauksts ezers
Nītaure
Amata
Zobuļu ezers
Vecpiebalga
Carnikava
Garkalne
Mālpils
Pērkoni
Ineši
Inesis ezers
Ezerkalne
Zaube
Nedzis ezers
Robaži
Mergupe
Jaunmikeleni
Sadriesi
Jugla
Vatrāne
Ērgli
Kakīšu eze
Suntaži
Ķeipene
Tinūži
Laubere
Taurupe
Vestiena
Saulkalne
Ikšķile
Ogre
Madliena
Salas ez
Pulgosnis ezers
Menģele
Liepkalni
Kalu ezers
Irši
Baldone
Ķegums
Lēdmane
Lielvārde
Bebri
Kalnakaivēni
Jaunkalsnava
Jumprava
Bormaņi
Zvirgzdes
Birzgale
Skrīveri
Koknese
Riteri
Pļaviņas
Aiviekste
Vecumnieki
Aizkraukle
Jaunjelgava
Daugava
Taurkalns
Sece
Misa
Iecava
Stelpe
Valle
Kūkur
Jēkabpils
Ozolaine
Daudzese
Sunākste
Lači
Viesīte
Birži
Nemunėlio Radviliškis
Skaistkalne
Vilki
LV
LT
LIETUVA
Aizpurvi
Suostai
Viesīte
Užubaliai
ezers Viesītes
Leimaņi
Zasa
Medaikiai
Lone
Aizkraukle
114
E67
P15
A1
P13
P11
P9
P14
P17
P22
P16
P20
A3
P24
P23
P18
P28
A2
P8
E77
A4
E22
P32
P81
A6
P76
P87
P89
P73
P86
P72
54
6
73

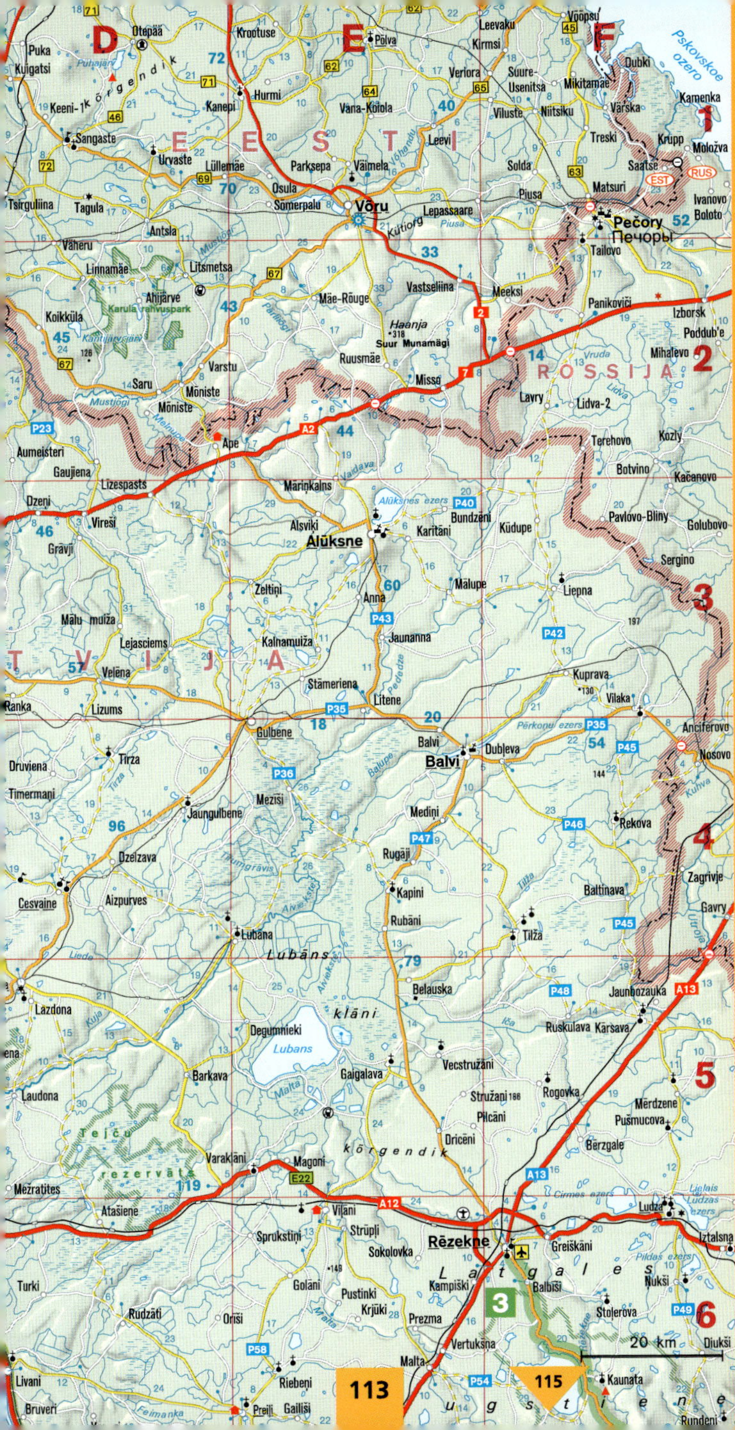
D
E
F
1
2
3
4
5
6
EESTI
ROSSIJA
LATVIJA
Pskovskoe ozero
Otepää
Puka
Kuigatsi
Pühajärv
Keeni
Kõrgendik
Sangaste
Urvaste
Krootuse
Kanepi
Hurmi
Põlva
Vana-Koiola
Leevaku
Kirmsi
Veriora
Suure-Usenitsa
Mikitamäe
Võõpsu
Dubki
Kamenka
Värska
Viluste
Niitsiku
Leevi
Treski
Krupp
Moložva
Saatse
EST
RUS
Lüllemäe
Parksepa
Väimela
Solda
Tsirguliina
Tagula
Osula
Sõmerpalu
Võru
Lepassaare
Piusa
Matsuri
Ivanovo
Boloto
Pečory
Печоры
Tailovo
Antsla
Väheru
Kütiorg
Linnamäe
Litsmetsa
Mustjõgi
Ahijärve
Karula rahvuspark
Koikküla
Mäe-Rõuge
Vastseliina
Meeksi
Panikoviči
Izborsk
Poddub'e
Haanja
Suur Munamägi
Ruusmäe
Mihalevo
Varstu
Saru
Misso
Lavry
Lidva-2
Mõniste
Mustjõgi
Ape
Terehovo
Kozly
Aumeisteri
Gaujiena
Botvino
Kačanovo
Lizespasts
Mariņkalns
Vaidava
Dzeņi
Vireši
Alūksnes ezers
Bundzēni
Pavlovo-Bliny
Golubovo
Grāvji
Alsviķi
Alūksne
Karitāni
Kūdupe
Sergino
Zeltiņi
Anna
Mālupe
Liepna
Māļu muiža
Lejasciems
Kalnamuiža
Jaunanna
Pededze
Velēna
Kuprava
Vilaka
Stāmeriena
Ranka
Lizums
Litene
Gulbene
Balvi
Dubļeva
Pērkonu ezers
Anciferovo
Nosovo
Druviena
Tirza
Timermaņi
Mezīši
Balupe
Kuhva
Jaungulbene
Mediņi
Rekova
Dzelzava
Rugāji
Zagrivje
Cesvaine
Aizpurves
Kapini
Baltinava
Gavry
Rubāni
Tilža
Lubāna
Lubāns
Belauska
Jaunbozauka
Lazdona
klāni
Ruskulava
Kārsava
Degumnieki
Lubans
Vecstružāni
Gaigalava
Barkava
Laudona
Stružāni
Rogovka
Pilcāni
Mērdzene
Pušmucova
Teiču rezervāts
Driceni
Bērzgale
kōrgendik
Varakļāni
Magoņi
Mežratites
Atašiene
Viļāni
Cirmes ezers
Ludza
Lielais Ludzas ezers
Sprukstiņi
Strūpli
Rēzekne
Greiškāni
Iztalsna
Sokolovka
Latgales
Pildas ezers
Kampiški
Balbiši
Nukši
Turki
Golani
Pustinki
Krjūki
Rudzāti
Orīši
Prezma
Stolerova
Malta
Vertuksna
20 km
Diukši
Līvani
Riebeņi
Malta
Kaunata
Bruveri
Feimanka
Preiļi
Gailīši
Rundeni
augstiene

115

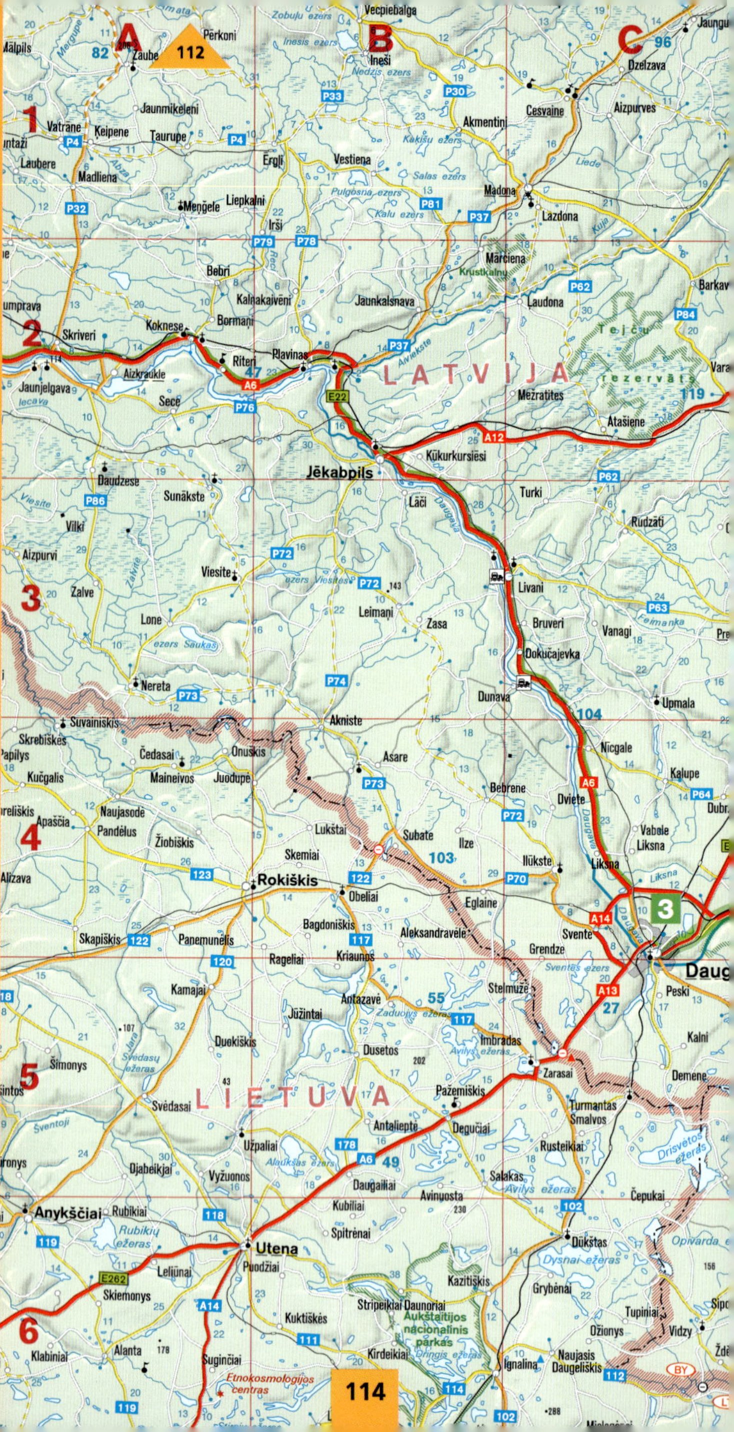
A
B
C
112
96
1
2
3
4
5
6
3
LATVIJA
LIETUVA
Vecpiebalga
Perkoni
Zaube
Mālpils
Inesis ezers
Inesi
Nedzis ezers
Jaungu
Dzelzava
Cesvaine
Aizpurves
Jaunmikeleni
Vatrane
Keipene
Taurupe
Akmentini
Laubere
Madliena
Ergli
Vestiena
Liede
Salas ezers
Madona
Lazdona
Menģele
Liepkalni
Irši
Kalu ezers
Marciena
Krustkalni
Bebri
Kalnakaivēni
Jaunkalsnava
Laudona
Barkav
Bormani
Koknese
Skriveri
Riteri
Plavinas
Aiviekste
Tejču rezervāts
Jaunjelgava
Aizkraukle
Sece
Mežratites
Atašiene
Kūkurkursīesi
Jēkabpils
Daudzese
Sunākste
Lāči
Turki
Viesīte
Vilki
Rudzāti
Aizpurvi
Viesite
Līvāni
Zalve
Leimaņi
Zasa
Bruveri
Vanagi
Lone
ezers Saukas
Dokučajevka
Nereta
Dunava
Upmala
Suvainiskis
Akniste
Skrebiškes
Papilys
Čedasai
Onuškis
Nicgale
Asare
Kučgalis
Maineivos
Juodupė
Kalupe
Bebrene
Dviete
Naujasode
Apaščia
Pandėlus
Lukštai
Subate
Ilze
Vabole
Liksna
Žiobiškis
Skemiai
Ilūkste
Alizava
Rokiškis
Obeliai
Eglaine
Skapiškis
Panemunėlis
Bagdoniškis
Aleksandravėlė
Svente
Grendze
Rageliai
Kriaunos
Sventes ezers
Daug
Kamajai
Antazavė
Stelmužė
Peski
Jūžintai
Zaduojys ežeras
Duokiškis
Imbradas
Kalni
Šimonys
Dusetos
Zarasai
Demene
Svėdasu ežeras
Pažemiškis
Turmantas
Smalvos
Svėdasai
Antalieptė
Degučiai
Rusteikiai
Drisvetos ežeras
Užpaliai
Alaukšas ežeras
Djabeikiai
Vyžuonos
Daugailiai
Salakas
Avilys ežeras
Avinuosta
Čepukai
Anykščiai
Rubikiai
Rubikių ežeras
Kubiliai
Spitrėnai
Utena
Dūkštas
Opivarda
Leliūnai
Puodžiai
Dysnai ežeras
Kazitiškis
Skiemonys
Grybėnai
Stripeikiai
Daunoriai
Aukštaitijos nacionalinis parkas
Tupiniai
Vidzy
Kuktiškės
Džionys
Klabiniai
Alanta
Sugintiai
Kirdeikiai
Drūgis ežeras
Ignalina
Naujasis Daugeliškis
Etnokosmologijos centras
BY
A6
A12
A13
A14
E22
E262
P4
P30
P32
P33
P37
P62
P63
P64
P70
P72
P73
P74
P76
P78
P79
P81
P84
P86
102
103
104
111
112
117
118
119
120
122
123
178

113

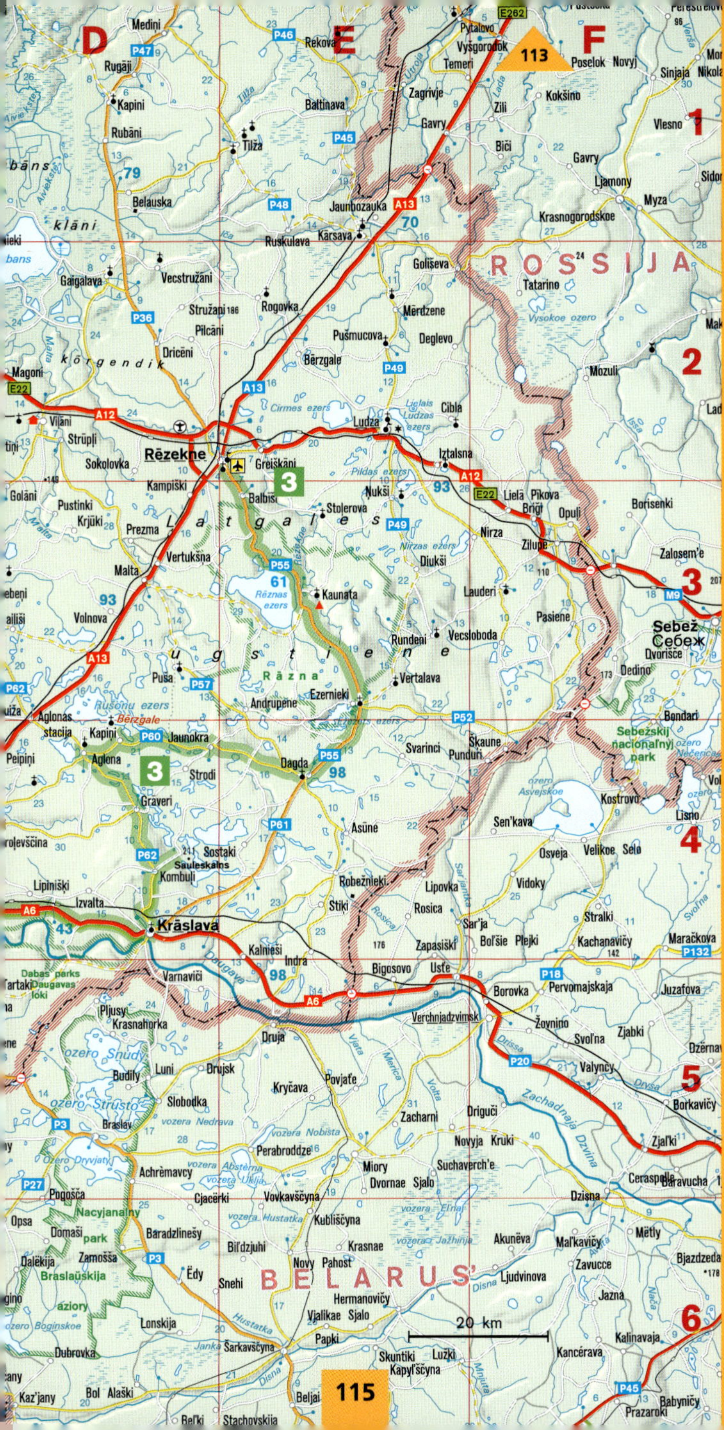
D
E
F
1
2
3
4
5
6
ROSSIJA
BELARUS'
Latgales augstiene
Rēzekne
Ludza
Krāslava
Dagda
Aglona
Sebež
Себеж
Rēznas ezers
Rāzna
Sebežskij nacional'nyj park
Nacyjanalny park Braslaŭskija aziory
Dabas parks Daugavas loki
Zachodnaja Dzvina
Daugava
Pytalovo
Vyšgorodok
Kārsava
Viļāni
Malta
Kaunata
Zilupe
Pasiene
Indra
Druja
Pjatovo
Izvalta
Sauleskalns
20 km

anzeige

mehr sehen schon vor dem urlaub:
hier zeigen wir ihnen alle vorteile von
holiday autos.

als weltgrößter vermittler von ferienmietwagen bieten wir ihnen mietwagen in über 80 urlaubsländern zu äußerst attraktiven alles inklusive preisen.
und wenn wir von „alles inklusive" reden, dann meinen wir das auch so. denn im preis von holiday autos ist wirklich alles inbegriffen:

- vollkaskoversicherung ohne selbstbeteiligung im schadensfall
- kfz-diebstahlversicherung ohne selbstbeteiligung
- erhöhte haftpflichtdeckungssumme
- unbegrenzte kilometer
- alle lokalen steuern
- flughafenbereitstellung
- flughafengebühren

buchen sie gleich in ihrem reisebüro,
unter www.holidayautos.de oder
telefonisch unter 0180 5 17 91 91 (12 ct/min)

kein urlaub ohne
holiday
autos

MARCO POLO

www.marcopolo.de

Für Ihre nächste Reise gibt es folgende Titel:

Deutschland Allgäu • Amrum/Föhr • Bayerischer Wald • Berlin • Bodensee • Chiemgau/Berchtesgadener Land • Dresden/Sächsische Schweiz • Düsseldorf • Eifel • Erzgebirge/Vogtland • Franken Frankfurt • Hamburg • Harz • Heidelberg • Köln • Lausitz/Spreewald/Zittauer Gebirge • Leipzig • Lüneburger Heide/Wendland • Mark Brandenburg • Mecklenburgische Seenplatte • Mosel • München • Nordseeküste Schleswig-Holstein • Oberbayern • Ostfriesische Inseln • Ostfriesland Nordseeküste Niedersachsen • Ostseeküste Mecklenburg-Vorpommern • Ostseeküste Schleswig-Holstein • Pfalz • Potsdam Rheingau/Wiesbaden • Rügen/Hiddensee/Stralsund • Ruhrgebiet • Schwäbische Alb • Schwarzwald Stuttgart • Sylt • Thüringen • Usedom • Weimar **Österreich/Schweiz** Berner Oberland/Bern Kärnten • Österreich • Salzburger Land • Schweiz • Tessin • Tirol • Wien • Zürich **Frankreich** Bretagne Burgund • Côte d'Azur • Disneyland Paris • Elsass • Frankreich • Französische Atlantikküste • Korsika Languedoc-Roussillon • Loire-Tal • Normandie • Paris • Provence **Italien/Malta** Apulien • Capri Dolomiten • Elba/Toskanischer Archipel • Emilia-Romagna • Florenz • Gardasee • Golf von Neapel • Ischia Italien • Italienische Adria • Italien Nord • Italien Süd • Kalabrien • Ligurien • Mailand/Lombardei • Malta Oberitalienische Seen • Piemont/Turin • Rom • Sardinien • Sizilien/Liparische Inseln • Südtirol • Toskana Umbrien • Venedig • Venetien/Friaul **Spanien/Portugal** Algarve • Andalusien • Barcelona Costa Blanca • Costa Brava • Costa del Sol/Granada • Fuerteventura • Gran Canaria • Ibiza/Formentera Jakobsweg/Spanien • La Gomera/El Hierro • Lanzarote • La Palma • Lissabon • Madeira • Madrid • Mallorca Menorca • Portugal • Spanien • Teneriffa **Nordeuropa** Bornholm • Dänemark • Finnland • Island Kopenhagen • Norwegen • Schweden • Südschweden/Stockholm **Westeuropa/Benelux** Amsterdam • Brüssel • England • Flandern • Irland • Kanalinseln • London • Luxemburg • Niederlande Niederländische Küste • Schottland • Südengland **Osteuropa** Baltikum • Budapest • Estland Kaliningrader Gebiet • Lettland • Litauen/Kurische Nehrung • Masurische Seen • Moskau • Plattensee Polen • Polnische Ostseeküste/Danzig • Prag • Riesengebirge • Rumänien • Russland • Slowakei St. Petersburg • Tschechien • Ungarn **Südosteuropa** Bulgarien • Bulgarische Schwarzmeerküste • Kroatische Küste/Dalmatien • Kroatische Küste/Istrien/Kvarner • Montenegro • Slowenien **Griechenland/Türkei** Athen • Chalkidiki • Griechenland Festland • Griechische Inseln/Ägäis Istanbul • Korfu • Kos • Kreta • Peloponnes • Rhodos • Samos • Santorin • Türkei • Türkische Südküste Türkische Westküste • Zakinthos • Zypern **Nordamerika** Alaska • Chicago und die Großen Seen Florida • Hawaii • Kalifornien • Kanada • Kanada Ost • Kanada West • Las Vegas • Los Angeles • New York San Francisco • USA • USA Neuengland/Long Island • USA Ost • USA Südstaaten • USA Südwest • USA West • Washington D.C. **Mittel- und Südamerika** Argentinien • Brasilien • Chile • Costa Rica • Dominikanische Republik • Jamaika • Karibik/Große Antillen • Karibik/Kleine Antillen • Kuba Mexiko • Peru/Bolivien • Venezuela • Yucatán **Afrika/Vorderer Orient** Ägypten • Djerba/ Südtunesien • Dubai/Vereinigte Arabische Emirate • Israel • Jemen • Jerusalem • Jordanien • Kapstadt/ Wine Lands/Garden-Route • Kenia • Marokko • Namibia • Qatar/Bahrain/Kuwait • Rotes Meer/Sinai Südafrika • Syrien • Tunesien **Asien** Bali/Lombok • Bangkok • China • Hongkong/Macau • Indien Japan • Ko Samui/Ko Phangan • Malaysia • Nepal • Peking • Philippinen • Phuket • Rajasthan • Shanghai • Singapur • Sri Lanka • Thailand • Tokio • Vietnam **Indischer Ozean/Pazifik** Australien • Malediven • Mauritius • Neuseeland • Seychellen • Südsee

Cityguides Berlin für Berliner • Frankfurt für Frankfurter • Hamburg für Hamburger • München für Münchner • Stuttgart für Stuttgarter **Sprachführer** Arabisch • Englisch • Französisch • Griechisch • Italienisch • Kroatisch • Niederländisch • Norwegisch • Polnisch • Portugiesisch • Russisch Schwedisch • Spanisch • Tschechisch • Türkisch • Ungarisch

In diesem Register sind alle in diesem Reiseführer erwähnten Orte und Ausflugsziele sowie wichtige Persönlichkeiten und Sachbegriffe verzeichnet. Halbfette Seitenzahlen verweisen auf den Haupteintrag, kursive auf ein Foto.

Schreiben Sie uns!

Liebe Leserin, lieber Leser,

wir setzen alles daran, Ihnen möglichst aktuelle Informationen mit auf die Reise zu geben. Dennoch schleichen sich manchmal Fehler ein – trotz gründlicher Recherche unserer Autoren/innen. Sie haben sicherlich Verständnis, dass der Verlag dafür keine Haftung übernehmen kann. Wir freuen uns aber, wenn Sie uns schreiben.

Senden Sie Ihre Post an die MARCO POLO Redaktion, MAIRDUMONT, Postfach 31 51, 73751 Ostfildern, info@marcopolo.de

Impressum

Titelbild: Inselsiedlung am See Araıcı (transit-Archiv: Hirth)
Fotos: R. Hackenberg (6, 12, 16, 20, 37, 38, 44, 53, 68, 71, 72, 74, 76, 78, 85, 87, 88); E. Kahl (9, 22, 63, 82, 96); C. Nowak (U. I., U. M., 1, 2 u., 4, 5 l., 7, 11, 14, 15, 25, 47, 50, 54, 59, 69, 81, 92); T. Stankiewicz (18, 28, 35, 73); transit-Archiv: Hirth (U. r., 2 o., 5 r., 24, 26, 27, 31, 32, 39, 41, 42, 60, 62, 66, 91, 95, 107)

1. Auflage 2006 © MAIRDUMONT, Ostfildern
Herausgeber: Ferdinand Ranft, Chefredakteurin: Marion Zorn
Redaktion: Christina Sothmann, Bildredaktion: Gabriele Forst
Kartografie Reiseatlas: © MAIRDUMONT/Falk Verlag, Ostfildern
Vermarktung: MAIRDUMONT MEDIA, media@mairdumont.com
Gestaltung: red.sign, Stuttgart
Sprachführer: in Zusammenarbeit mit Ernst Klett Sprachen GmbH, Stuttgart, Redaktion PONS Wörterbücher
Das Werk einschließlich aller seiner Teile ist urheberrechtlich geschützt. Jede urheberrechtsrelevante Verwertung ist ohne Zustimmung des Verlages unzulässig und strafbar. Das gilt insbesondere für Vervielfältigungen, Übersetzungen, Nachahmungen, Mikroverfilmungen und die Einspeicherung und Verarbeitung in elektronischen Systemen.
Printed in Germany. Gedruckt auf 100% chlorfrei gebleichtem Papier

Bloß nicht!

Auch in Lettland gibt es Dinge, über die Sie Bescheid wissen oder die Sie vermeiden sollten

Orthodoxe Einkehr stören

In Lettland stehen viele russisch-orthodoxe Kirchen, die zu besichtigen sich schon wegen der prachtvollen Ausstattung und Ikonen lohnt. Doch diese Gotteshäuser sind keine Museen, sondern Orte gelebten Glaubens. Die Orthodoxie lehnt viele Segnungen des modernen Lebens besonders strikt ab, ihre in sich gekehrte Religiosität ist keine Folklore. Denken Sie bitte daran, wenn Sie eine Ostkirche betreten. Mit Fotoapparat und Videokamera sollten Sie zumindest sensibel umgehen. Und, eigentlich selbstverständlich: Handys aus.

Blumen vergessen

Blumen werden in Lettland zu jeder nur denkbaren Gelegenheit verschenkt. Letten sind wahre Blumenkinder, und es gibt wohl nicht viele Städte in Europa, die so üppige und rund um die Uhr geöffnete Blumenmärkte vorweisen können wie Rīga. Also, sollten Sie eingeladen sein: Denken Sie an einen Strauß, das kommt gut an. Nur bitte nicht in gerader Zahl, das gilt als Zeichen der Trauer.

Ehrenwachen veralbern

Das Freiheitsdenkmal auf dem Brīvības bulvāris in Rīga ist Symbol des lettischen Nationalstolzes und des Kampfes um die Unabhängigkeit. Es kommt nicht gut an, wenn sich Fremde über das Zeremoniell der stündlich wechselnden Ehrenwachen lustig machen. Lassen Sie es nicht darauf ankommen. Die Ordnungskräfte verstehen da keinen Spaß!

Alte Bücher ausführen

In vielen lettischen Antiquariaten stehen auch deutschsprachige Bücher in den Regalen, und Sammler entdecken immer wieder echte Raritäten. Doch Vorsicht: Wollen Sie Bücher ausführen, die vor 1945 erschienen sind, brauchen Sie eine Genehmigung der Staatlichen Inspektion für Kulturgüter *(Pils iela 22, Rīga, Tel. 722 16 47)*. Sonst riskieren Sie Ärger an der Grenze, und das kann trotz EU-Freiheit richtig teuer werden.

Wälder ohne Karte erwandern

Lettlands Natur verlockt zu Wanderungen, aber unterschätzen Sie die Größe der Wälder nicht: Schnell verlieren selbst Outdoor-Spezialisten in den wegelosen Forsten die Orientierung. Vor allem in den dünn besiedelten Regionen Kurzemes und Latgales kann es eine Weile dauern, bis Sie einem Menschen begegnen. Die Wölfe und Luchse sind da noch das kleinste Problem. Die Tiere sind so scheu, dass man sie kaum je zu Gesicht bekommt. Also: eine gute Karte oder einen fachkundigen Führer mitnehmen.